U0398960

日的差一些句

日知录一百句

●许苏民　解读　　许广民　注译

㡀復旦大學出版社

目 录

不再被人忽悠 …………… 许苏民

天下之理无穷 ………………… 001

世上没有至善 ………………… 004

六经皆史 ……………………… 006

《周易》是史书 ……………… 008

《诗经》本是编年史 ………… 010

人人皆知天文 ………………… 012

学者之患 ……………………… 014

慎男女之节 …………………… 016

博学于文 ……………………… 018

儒者自文空疏 ………………… 021

世日新,人弥险 ……………… 023

圣人以人占天 ………………… 025

〇〇一

天地之化 ·········· 027

孔门传授心法 ·········· 030

孔子论《易》 ·········· 033

性与天道 ·········· 036

清谈之流祸 ·········· 039

不通古今之见 ·········· 042

郢书燕说 ·········· 044

平王东迁真相 ·········· 046

汉文帝节俭吗？ ·········· 049

三国是"魏蜀吴"吗？ ·········· 051

文人为何谀墓 ·········· 054

正统 ·········· 057

俳谐之文不当与之庄论 ·········· 060

神来之笔 ·········· 063

胸有天下大势 ·········· 065

圣人不凭藉武力吗？ ·········· 067

据事直书 ·········· 070

不以人废言 ·········· 073

夸毗之性 ·········· 076

正人心急于抑洪水 ·········· 079

势利 ·········· 081

纳女后宫为耻 ·········· 084

人情有三反 ·········· 086

南北学者之病 ·········· 088

甘其食,美其服 ·········· 090

人之有私 ·········· 093

不独子其子 ·········· 095

财足而化行 ·········· 098

苟不求利,亦何慕名? ·········· 100

国耻 ·········· 103

不动心 ·········· 106

似是而非 ·········· 109

戎狄之道 ·········· 112

自小与自大 ·········· 115

巧言 ·········· 118

钝贼 ·········· 121

东汉风俗之美 ·········· 124

救民以言 ·········· 126

天下兴亡，匹夫有责 ………… 129

周武王用蛮夷攻中国 ………… 132

无官不贪 ………… 135

官员挨打史 ………… 138

要奴才，还是人才？ ………… 141

庸医 ………… 144

皇帝为什么信任太监？ ………… 147

皇帝为什么重用流氓？ ………… 150

十族诛而臣节变 ………… 153

《大全》出而经说亡 ………… 156

八股之害 ………… 160

叶公不好真龙 ………… 163

好人如何变坏人 ………… 165

清议亡而干戈至 ………… 168

只有帝王才能称君吗？ ………… 171

"陛下"非尊称 ………… 173

人人可称万岁 ………… 175

天子非绝世之贵 ………… 177

谦卑 ………… 180

封驳 ……………… 183

众治 ……………… 187

天下之人皆可举而荐之 ……………… 191

庶人之议 ……………… 195

法制 ……………… 199

大臣财产申报制度 ……………… 202

一家哭何如一路哭 ……………… 205

法败则法从人 ……………… 207

治乱之关在人心 ……………… 210

自为 ……………… 213

还前代所夺之地价 ……………… 216

废除奴婢制度 ……………… 218

非河犯人 ……………… 222

无见小利 ……………… 224

鬼神之情人之情 ……………… 226

始皇备匈奴 ……………… 229

国风之义 ……………… 233

诗人之趣 ……………… 236

女子的容貌与德行 ……………… 239

乐亡而诗亦亡 ·················· 242

识别假话的艺术 ·············· 244

诗主性情 ······················ 247

文章之病全在摹仿 ··········· 250

诗体代降 ······················ 253

文章无定格 ··················· 255

立言不为一时 ················ 257

立言贵在独创 ················ 260

器识 ··························· 263

文须有益于天下 ·············· 265

诗人之义 ····················· 269

索引 ··························· 272

编者后记 ······················ 288

不再被人忽悠

——《日知录》简介

人情之常,贵远而贱近,贵古而贱今。这句老古话也适合用来描述当今人们的心态。就拿如今的"国学热"来说,孔子、孟子、老子、庄子都热得起来,但离今天比较近的明清之际的那些大思想家却热不起来。殊不知这些人的思想远比孔孟老庄更高明。

人情之常,凡是权势者喜欢、推崇的东西,多数读书人也喜欢;凡是权势者不喜欢、冷落的东西,读书人中也很少有人喜欢。就拿人们的研究兴趣来说,近千年来,皇帝和达官显贵都喜欢程朱理学,以它来教化民众,就像如今大学里开的政治课一样,所以程朱理学到现在也还是热门货;可是皇帝不喜欢的那些思想异端、不喜欢的明清之际那些试图为中国开出一条新路的大思想家,却是很少有人问津的,至今也还是如此。

名流们辩护说,程朱理学是与皇帝对着干的,所以才表彰它。这是把近一千年来的皇帝全都当成了二百五、十三点，因为这些皇帝要用一个专门与自己对着干的学说来做统治思想，来教育民众与自己对着干。这不是傻瓜吗？

可是复旦大学出版社的编者们却与世俗人的想法不同，他们把明清之际大思想家顾炎武的《日知录》也作为中国文化的经典，要我来写《日知录》一百句的解读，以通俗明快的语言把顾炎武的思想呈现给读者。我觉得，这实在是很有眼光、很有远见、也很有意义的一件事情。中国思想、学术、文化是多元的，不仅多源发生，而且是在多极并立、多维互动中发展的。着眼于"殊途百虑之学"，就应该把中国历史上不同学派、不同思想倾向、不同价值观念、不同治国理念、不同人生态度的人们的智慧创造都看作是传统思想文化中不可缺少的精神基因，尊重一偏之见，容忍相反之论，以培养当代中国人，尤其是读书人的多元开放的文化心态。

顾炎武的人生颇有传奇色彩。他是明朝南直隶苏州府昆山县（今江苏昆山）人，生于明神宗万历四十一年（1613），卒于清康熙二十一年（1682）。字宁人，学者称亭林先生。十七岁加入复社，参加了江南读书人的党社运动；清军下江南后，他奋勇投入了江南人民的民族保卫战争，起义兵守吴江、守昆山。因敬仰南宋著名民族英雄文天祥的门生王炎午的忠贞品格，改名为顾炎武，又作炎午，字宁人，又字石户。江南的抗清斗争失败后，曾一度化名圭年（即顾宁人之谐音),号涂中,以经商为掩护,在大江南北广泛联络反清复明人士,从事反清的秘密活动。曾使用过蒋山佣、顾佣、王伯齐等化名,号称"鹰扬弟子"。江湖上把他看作是一位大侠,相传民间的会党、金融业的票号都是他创立的。

为了民族的复兴,他"九州历其七,五岳登其四",出入险阻,广交豪杰,两入牢狱,坚贞不渝;与黄宗羲、王夫之、方以智、傅山、屈大均等著名爱国学者心神相通,寂感相应。身处"沧海横流,风雨如晦"的时代,面对清朝政府"禁网日益密"的专制暴政,他始终沉着坚定地思考着时代提出的民族复兴的思想文化主题,上下求索,殚精竭虑,著书立说,以待未来,成为明末清初与黄宗羲、王夫之齐名的伟大的爱国学者和大思想家。他有三部奇书,《日知录》是其中之一,另两部是《天下郡国利病书》和《肇域志》。

他是一个在经济思想和政治思想方面走在时代最前列的人。在经济思想方面,他认为每一个人都是追求自己的私人利益的,只有让老百姓"自为",而不是让那些号称"为天子为百姓"的官员们教他们如何作为,才能形成良好的经济秩序。这与18世纪英国古典政治经济学家亚当·斯密提出的"看不见的手"的理论有惊人的相似之处。在政治思想方面,他不再相信官员们只要加强道德修养就可以只干好事,不干坏事,所以不再从性善论出发讲修齐治平的传统政治哲学,而是从皇帝和官员们的"私"和"欲"的现实存在出发,来探讨有效防止政治腐败的理性化制度建设之路,包括分权制衡、法制建设、舆论监督等方面。他主张"合天下之私以成天下之公",严复认为这一政治哲学的命题体现了西方现代民主政治的精髓。

他是一个具有独特思想个性的人。他固然尊重孔子孟子,但他却不以孔孟之是非为是非,批评孔子的乐天安命、等差之爱和教学生干禄,批评孟子的穷则独善其身;他也尊重程子和朱子,但批评他们不该强迫妇女守寡,不该讲存天理灭人欲,不该以政治需要歪曲历史等等。他也喜欢读老子、庄子,但却反对他们随波逐流、和光同尘的乡愿哲学。他在思想上与正统儒家最大的不同,是认为人的认识能力有限而真理没有穷尽,所以人不应该以绝对真理的化身自居,不应该总想着如何去教化别人、支配别人的思想和生活;他认为人不可能在现世建立一个道德理想主义的世界,一切都得从实际出发、从经验事实出发,没有至真、至善、至美,只有更真、更善、更美。他把掩盖在瞒和骗的华美外衣下的社会现实撕开了给人看,他再也不想像以往的学者那样骗人了,再也不想忽悠老百姓了。

他是一个特别有学问的人。我们现在的人,从历史学教科书上学到的很多知识,经过他的考证都发现是错误的。他所作出的许多论断,如平王中兴是华夏民族的耻辱史、废封建立郡县并不始于秦始皇、汉文帝并不是一个节俭的皇帝,三国是魏汉吴而不是魏蜀吴,等等,都使我们感到吃惊,原来如今的历史教科书和中央电视台的《百家讲坛》也是错误百出,从而恍然于所谓历史定论和名流的话都不可尽信。胡适之教人以不受人惑的方法,这方法就是拿证据来,顾炎武也是一样。《日知录》简直就像是一座知识的宝库,只要不怕其文字的繁难和行文的枯燥,而真正读进去,就会赞叹不已。

只有用功读书,才能不被人忽悠。就像只有读二程、朱熹的原著,才会明白如今的教授和博导们说"程朱讲'饿死事极小、失节事极大'不是针对妇女的"是忽悠人的一样,只有读顾炎武的书,才会澄清对他的一些误解。例如有人说,顾炎武《天下郡国利病书》用了清朝的年号,说明他认同了清朝统治的合法性,读了《日知录》中的"年号当从实书"一条,就知道这一说法站不住脚了;有人热衷于讲顾炎武与贰臣的交往,以贬低其人格,但只要读一读文集中他给贰臣的信,就会明白他是何等地坚持自己的人生信念了。如此等等,不一而足。

当然,与历史上其他大思想家一样,他的话也不是句句是真理。例如他说漂亮的女人心眼儿好,越漂亮就越好,就要打个问号。他反对"女子无貌便是德"的传统观念是对的,但漂亮女人是否一定心眼儿就好,不漂亮是否就一定心眼儿坏,恐怕是因人而异的。

好了，说得够多的了，就此打住，还是让读者们自己看书吧。我的解读说得对不对，还请读者们批评指正。

许苏民

2010 年 8 月 31 日

天下之理无穷

盖天下之理无穷,……故昔日之得不足以为矜,后日之成不容以自限。

人能不能认识终极的绝对真理? 不能。可是历史上和现实中总有那么一些人,自以为可以做到"一旦豁然贯通,则众物之表里精粗无不至",从而以绝对真理的化身自居,要支配天地,"为天地立心";要支配他人的思想和生活,"为生民立命",如此等等,不一而足。

顾炎武可不是这样的人。他深知真知难求,个人的认识能力实在有限,所以他总是充满着一种对于在认识中很容易犯错误的"理性幽暗意识"。他在《日知录·初刻自序》中说:"炎武所著《日知录》,……犹未敢自以为定,故先以旧本质之同志。"所谓"天下之理无穷"云云,就是紧接着这句话后面说的。阎若璩实际上是顾炎武的学生,为《日知录》驳正若干条,顾炎武欣然采纳。可见他的治学态度是何等谦虚。

顾炎武学问堂庑宽广、博大精深，但他绝没有天下第一的骄矜，更没有丝毫文人相轻的陋习。他总是看到自己学问的不足，对同时代其他学者的长处予以高度推崇。当时有一位叫汪苕文的人，说当今天下有两位大师，第一位就是顾炎武，另一位是李天生。为此，顾炎武专门写了一篇《广师》，说汪苕文的话是过情之誉，自己在学究天人方面不如王寅旭，在精通三礼方面不如张稷若，在萧然物外、自得天机方面不如傅山；在精心六书方面不如张力臣，如此等等。

科学精神首先是谦虚的精神。并不见得学了一点科学知识或从事科学研究的人，就一定具有科学精神了。具有科学精神的人深知个人的能力和知识有限，所以很谦虚；深知真知难求，自己可能是错的，别人可能是对的，所以有宽容精神；深知真理只有在自由讨论中才能确立，所以有自由的精神。而容忍和自由都是建立在谦虚基础上的。一个社会之所以缺乏宽容和自由，其实就是因为不谦虚的人——缺乏科学精神的人——太多了。

原文

盖天下之理无穷，……故昔日之得不足以为矜，后日之成不容以自限。（《日知录·初刻自序》）

注释

矜：自尊自大。

今译

 天下的道理是没有穷尽的,所以以往所获得的知识不值得自尊自大,尚待追求的知识也不可以限量。

世上没有至善

> 邪说之作与世升降,圣人之所不能除也。

儒家想建立一个道德理想主义的世界,在这个世界中,只有儒家的礼教而没有与此不同的异端邪说,只有君子而没有小人,只有从一而终的贞妇、节妇、烈妇,而没有私奔的、再嫁的、玩的就是心跳的。这就叫"止于至善"。

与此不同,顾炎武则是一位处处从实际出发的经验主义者。他说圣人也不能使天底下没有异端邪说。春秋时期孔子之门弟子三千、贤人七十二,不可谓不兴盛,"而老、庄之书即出于其时";东汉时期的儒家更兴盛了,太学生多至三万人,还出了很多著名的经学家,"而佛、道之教即兴于其世"。他又说,即使是圣人、圣王,对于人们的私生活也是无可奈何,"不能使四方之风有贞而无淫","不能使天下无再嫁人之妇"。所以,像道学家那样想要消灭一切"异端邪说",想要用一个模式来支配人们的生活,以为这样就可以建立一个道德理想主义的世界,实际上是不可能的。如果硬要这样做,只能造成巨大的现实灾难。

从历史的经验认知中,顾炎武看出了传统的道德理想主义的虚妄,看出了人和社会都不可能"止于至善"。应该肯定,顾炎武的这一思想是深刻的。这世界上没有尽善、尽美,只有更善、更美。从理想主义回到经验主义,是真正有益于社会进步的清醒的理性态度。

原文

邪说之作与世升降,圣人之所不能除也。(卷一《姤》)

注释

邪说:有严重危害性的不正当的议论或学说。

今译

"邪说"的兴起是历史发展的必然产物,即使圣人也不能使它消除。

六经皆史

> 孟子曰:"其文则史。"不独《春秋》也,虽六经皆然。

　　顾炎武以历史的眼光去看待古代圣人经典,认为一切古代经典都不过是历史的记载,无须加以人为的神化:"今人以为圣人作书,必有惊世绝俗之见,此是以私心待圣人。"他把这一思想贯穿于以史解经、以经证史的学术研究之中,从而对"六经皆史"的命题作出了颇有说服力的具体论证。

　　他以史事解《易》,说明《周易》是一部关于周族发源史和殷周之际历史变革的史书。《尚书》是上古史官所记录的历史文献,具有无可争议的史书属性。《周礼》乃成于史官,观史可以见礼,由礼亦可以见史。要知道周代朝觐会同征伐的情形,就只有求助于《礼》。《诗经》原本是按照史事发生的年代先后排列的,是中华民族的古代史诗。《春秋》是史书,亦无可争议。六经中除了以上五种外,还有《乐》,但保存下来的只有一篇《乐记》。《乐记》也是"史"吗?从"六经皆史"的观点看,当然也是,它同样是宝贵的历史记录,为史学考证所不可缺。顾炎武考察周代宋国与殷商的关系,就引用了《乐记》。

与传统的以政治伦理需要去诠释经典的治学态度不同,顾炎武论证六经皆史,乃是一种历史学家的态度;他强调"经学自有源流"(《与人书四》),亦表现出一种历史学家的眼光;又讲"经学即理学",讲道在器中,理在事中,亦明显具有从古代文献记载所展示的历史进程中去探寻规律的意味。由此可见,他已具有建立一种融经学于史学或以史学统摄经学的历史科学的意向。这在中国学术史上的意义是非常重大的。

原文

孟子曰:"其文则史。"不独《春秋》也,虽六经皆然。(卷三《鲁颂商颂》)

今译

孟子说:"《春秋》的文字记录的是历史。"不仅《春秋》,六经都是如此。

《周易》是史书

《易》本《周易》，故多以周之事言之。

顾炎武说六经皆史，其中争议最大的是《周易》。《周易》是一本什么样的书？有人说是卜筮之书，有人说是义理之书，顾炎武为什么说它是一本历史书呢？

他首先致力于确定《易》产生的时代，认为"文王所作之辞始名为《易》"。他不仅引用了孔子关于"《易》之兴也，其当殷之末世，周之盛德邪？当文王与纣之事邪"等论述来证明这一观点，而且以《周易》中所记载的多为周代史事来证明，列举了不少证据。他还认为，《周易》所载，又不限于周文王、周公等人的事迹，还涉及到周族的发源史。例如，他从《周易》"过其祖，遇其妣"的爻辞，考证出妣当在祖之上，是比先祖更早的女性祖先。也就是说，在周人的男性始祖后稷之前，还有一个名叫姜嫄的女性始祖，《周语》称之为"皇妣太姜"，由于那是一个只知有母而不知有父的时代，所以没有人知道谁是她的配偶，但周族人为了表达对她的敬仰，还

○○八

是专门为她修了一个名叫"閟宫"的庙宇来祭祀她。从这些论说中,我们得以知道,在崇拜男性祖先的时代之前,还有一个崇拜女性祖先的时代,母系氏族社会是先于父系氏族社会的。

在顾炎武以前,也有学者讲"六经皆史",但具体讲到《周易》时,都认为《易》为"史之理",似乎与史事无关。顾炎武以史事解《易》,发前人所未发,开创了以史事证《易》的新思路。

原文

《易》本《周易》,故多以周之事言之。(卷一《姤》)

今译

《易》本是《周易》,所以其中大都说的是周朝的事情。

《诗经》本是编年史

> 《诗》之次序,犹《春秋》之年月。

《诗经》是一部什么样的书? 我们都知道它是中国古代第一部诗歌总集,却不知道它还是中国古代的一部史诗。顾炎武告诉我们,《诗经》中的诗歌的次序,原本是按照史事发生的年代先后编排的,正如《春秋》的年月一样,《诗经》是一部以艺术的形式出现的编年史。

根据这一观点,他断定如今的《诗经》编次已经不是当年之旧,早就被后人搞乱了。他说如今《诗经》的次序必不可信,并不是孔子所订正的本子。例如"褒姒灭之"这一首,是周幽王时的诗,可是却排在前面;"召伯营之",是周宣王时的诗,而排在后面;又如《硕人》,庄姜初归时的诗,而排在后面;《绿衣》、《日月》、《终风》这几首是庄姜失位而作的诗,却排在前面;《渭阳》是秦康公为太子时作的诗,而排在后面;《黄鸟》是写穆公死后的事,却排在前面。他认为《诗经》的次序之所以混乱不堪,是汉初经师移动其次序的结果。他运用《左传》和《仪礼》所提供的关于《诗经》的本来编次的史料证明了这一观点。根据这些史实,他断言:"今日之《诗》已失古人之次,非夫子之所谓雅颂各得其所者矣。"

为了恢复《诗经》的本来次序,顾炎武作了大量的考证。这些考证不仅在相当大的程度上据实恢复了《诗经》按史事发生年代的先后排列的次序,说明我们中华民族也有自己的古代史诗或诗史;而且在以史解《诗》、以诗证史的方法运用方面,也达到了一种方法论的自觉。

原文

《诗》之次序,犹《春秋》之年月。(卷三《诗序》)

今译

《诗经》的编排次序,犹如《春秋》的年月。

人人皆知天文

三代以上，人人皆知天文。

现代城市生活使人远离了大自然，城市的夜空固然流光溢彩，但人们再也看不到那灿烂的星空，看不到犹如童话世界的银河系的神秘光芒，即使是知识分子，也很少有人叫得出天上星星的名字，天文学成为只有少数专家学者才懂得的知识。当代中国人——尤其是上等人——对于金钱和肉欲的疯狂追求，已经很少有人会有闲暇和兴致去仰望星空了。

可是顾炎武却告诉我们，在中国的上古三代，不用说那些专门从事天文观测的人了，就连普通的农夫、妇女和儿童也懂得天文。"七月流火"，是农夫的歌唱；"三星在天"，是妇人的话语；"月离于毕"，是戍卒的作品；"龙尾伏晨"，是儿童的歌谣。那时人人知道仰望星空，人们的生活和思想感情与日月星辰的运行紧密联系在一起，仿佛在演奏着同一首优美的旋律。可是在中国，还没等到现代生活的降临，人们就开始疏离大自然了。顾炎武说，在他那个时代，你如果向文人学士们问起天文知识，多数人已经是茫然不知了。那时候，曾经一度领先的中国天文学也已经远远落后于世界了。

顾炎武为中国古代天文学的发达感到自豪，也为后世文人学士不懂天文而感到悲哀。受晚明西方传来的天文历法知识的影响，他对天文学表现出很大的热情，肯定西方传入的天文历法知识的精密，把精通天文学看作是"学究天人"的必由之路。对于我们现代人来说，虽然不一定每个人都成为天文学专家，但具备一些天文知识，时时仰望星空，对于提升精神境界和陶冶性情，还是有益的。

原文

三代以上，人人皆知天文。（卷三十《天文》）

注释

三代：夏商周三代。

今译

在夏商周时代，人人都懂得天文。

学者之患

> 学者之患，莫甚于执一而不化。

顾炎武把思想僵化看作是学者的大患，是横在真理之追求的道路上的最大绊脚石。这些学者把某一种思想学说当作教条来信奉，不是以社会实践作为检验真理的标准，而是以某种据说是千古不变的教条来裁量活生生的社会现实，并以此作为判断一切是非曲直的标准。顾炎武认为，这样做的结果只能堵塞认识发展的道路，窒息人类社会发展的生机和活力。

他认为人的认识是无限多样的，所以他主张"问道论文，益征同志"（《与周籀书书》）；他认为"人之为学，不日进则日退。独学无友，则孤陋而难成；久处一方，则习染而不自觉"（《与人书一》)，人应该以开放的心胸去学习和接受外界的各种新知识。他十分欣赏《诗经》中的"他山之石，可以攻玉"这句话，主张治学要"不存门户方隅之见"，"不求异而亦不苟同"。

近代英国哲学家洛克说:"每一个明白事理的人,都是抱着几分怀疑来主张己见的。"顾炎武正是这样一个明白事理的人。他引用孔子"三人行,必有我师"的说法,并深有感触地写道:"非好学之深,则不能见己之过;虽欲改不善以迁于善,而其道无从也。"(《与人书十四》)

在与朋友的交往中,顾炎武受到了很多有益的启迪。相传顾炎武住在傅山家里时,有一天早晨傅山喊顾炎武起床,说:"汀芒久矣。"顾炎武感到奇怪,问他说的是什么意思,傅山说:"你平日好谈古音,今天怎么忽然不明白了?"顾炎武不禁为之失笑。古人读"天"为"汀",读"明"为"芒","汀芒久矣"就是天亮很久了的意思。顾炎武本来是一个有浓厚的复古思想的人,在《音学五书序》中,他甚至希望有圣人出来使人们的说话发音都回到上古时代去。傅山寓批评于调侃之中,使顾炎武深受启迪。

原文

学者之患,莫甚于执一而不化。(卷一《艮其限》)

今译

学者的大患,无过于坚执一种学说而思想僵化。

慎男女之节

> 昏姻之义,男女之节,君子可不虑其所终哉!

在中国历史上,每当一个王朝走向衰落和灭亡的时候,总是淫风昌炽,西门庆"文化"盛行。顾炎武总结明朝灭亡的教训,认为先进的汉民族之所以被落后的游牧民族所征服,其中的一个重要原因就在于汉民族自身的道德危机,特别是晚明朝野上下所盛行的淫靡之风。

他认为,淫靡之风盛行不仅是明朝灭亡的教训之一,而且在历史上还是许许多多的灾祸之所以发生的直接诱因。春秋时期,之所以"卫有狄灭之祸"、"陈有征舒之乱"、"(齐)桓公之所以薨",这些祸乱的直接原因都是由于君主不讲究"昏姻之义,男女之节"造成的。由于君主淫靡无度,陷入男女兽欲的魔窟之中,哪里还有心思和精力去治理国家,遂导致朝政的昏乱,国家的衰亡。

可是明朝的统治者却不知道总结历史教训。从明武宗开始,嘉靖、隆庆、万历、天启几个皇帝,无不恣情纵欲。他们为了具有儒家礼制所规定的"天子一夕御九女"的性能力,大量服用春药。隆庆皇帝被和尚、道士们发明的中国特色的"伟哥"送了命,人都咽气了,却依然金枪不倒,民间传为笑柄。上行下效,在江南,很多士大夫家中都养有"一队妖娆",不少读书人也把精气神消耗在青楼女子身上,乃至于那些负责保卫国家的将士们,也因贪财好色而变得战阵无勇了。在这种情况下,一旦发生内部的动乱和外敌的入侵,国家又怎么会不灭亡呢?

顾炎武认为,总结历史的教训,国人们就必须在男女关系的问题上持一种非常慎重的态度;否则,就会造成巨大的民族灾难。

原文

昏姻之义,男女之节,君子可不虑其所终哉!(卷一《君子以永终知敝》)

注释

昏姻:即婚姻。

终:后果。

今译

君子应该重视婚姻的道义和男女关系的礼节,对淫乱之风造成的后果感到忧虑。

博学于文

君子博学于文。

　　顾炎武的治学宗旨是"博学于文,行己有耻"。所谓博学于文,就是要广博地学习和研究人类文明所创造的一切知识成果。其中包含两大部类,一是自然知识和工艺知识,二是社会历史的知识。他强调"士当求实学,凡天文、地理、兵农、水土,及一代典章之故不可不熟究",从而把人们引向对于自然知识和社会知识之探讨的广阔天地。

　　黄宗羲说:"儒者之学,经天纬地。"顾炎武也认为,一切经天纬地的学问都是文,它包括了全部"人文化成"的历史文化世界,包括了"制之为度数,发之为音容"的全部人类历史实践活动。《日知录》卷二《彝伦》条,更明确地反对孟子把"彝伦"仅仅局限于"人伦"的观点,把"彝伦"的内涵扩大到"天地人之常道"所含摄的广阔范围。他说要认识彝伦,不仅要有关于人伦的知识,还要有关于"天地"的知识,一切关于自然和社会的知识都是认识的对象,对于"天地人之常道"的哲学认识必须建立在对自然和社会的认识基础上。所以他所讲的"博学于文",既包括历代圣贤所注重的道德伦理的知识,更包括为历代圣贤所不重视,甚至加以排斥的自然科学知识和工艺知识。

中国学者历来把"究天人之际"看作是最高的学问。顾炎武认为,要真正做到学究天人,就必须研究天文学。他说:"学究天人,确乎不拔,吾不如王寅旭。"这位备受顾炎武推崇的"学究天人"的学者,就是明末清初会通中西的著名天文历算学家王锡阐。此人是江苏吴江人,是顾炎武在惊隐诗社结识的一位好朋友,他不仅"诗文峭劲有奇气",而且"尤勤历象之学",是一位"精究推步,兼通中西之学"的天文学家。他于1663年(清康熙二年)十月写成的《晓庵新法》一书,就是一部杰出的天文学名著。

在《天下郡国利病书》中,顾炎武详细论列了天文气象、农田水利、采矿、制盐、造船、航海、海战和内陆河流湖泊的水战等各方面的知识。特别令人惊异的是,他已经开始研究"船坚炮利"的问题。该书第六册《苏松》畅论战舰、火器及战守之策。论火器,讲到了葡萄牙的佛郎机炮,西番的鸟铳,以及六合炮、百子铳等等,说这些新式武器的射程可达四五里而且势极威猛;论战舰,讲到了福船、苍船、沙船、哨船等各种船只,其中福船可容百人,"矢石火炮,皆俯瞰而发,敌舟相直,辄冲压沉之"。如此等等,都可以看出他对时代发展所提出的重大现实问题的敏感和关注。

在科学昌明、技术发达的今天,讲顾炎武如何重视科学技术,似乎已经是一件平淡无奇的事了,可是在几百年前却是非常了不起的事情。在顾炎武畅论火器及战守之策的时候,明王朝已经到了生死存亡的紧要关头,可就是在这危急的时刻,朝廷中的腐儒们还在大讲"诵《孝经》可以退贼"呢。

原文

君子博学于文。(卷七《博学于文》)

今译

君子应该广博地学习和研究人类文明所创造的一切知识成果。

儒者自文空疏

> "艺而已矣,不知之无害也。"此近代之
> 儒所以自文其空疏也。

在《日知录》卷五《乐章》条中,顾炎武首先对"言诗者大率以声音为末艺"的观念提出批评,说正是由于儒者们以声学和音乐"为瞽师乐工之事",才使得三代之音不存于两汉,两汉之音不存于六朝,而声音之学遂为当今之绝艺。进而,又对以天文、地理、数学等其他知识门类为"末艺"的观念展开批评,以否定长期以来深入读书人心灵的"道本艺末"、"重道轻艺"的传统观念。

他说"道本艺末"的观念乃是"近代之儒自文其空疏"的遁词,古人不是这样的。《诗经》中的"七月流火",讲的是天文知识;"相其阴阳",讲的是地理知识;"四矢反兮",讲的是射箭的技术;"两骖如舞",讲的是驾驭战马的技术;"止戈为武",讲的是文字学的知识;"千乘三去",讲的是数学知识。这些学问在古时候几乎人人知道,可是到如今居然成为绝学

了,这是何等的可悲。

这里批评的"近代之儒",是指宋明道学家。宋儒以学习六艺为"小学之事",而以其心性之学为"大学"君子的学问。顾炎武认为,孔子教人以六艺,并以精通六艺为学之成,这是孔子之学与宋明道学的显著区别。所以,不能把孔子和宋明道学家混为一谈。

孔子讲的"六艺",包括礼、乐、射、御、书、数;而顾炎武所讲的"六艺",则是天文、地理、射、御、书、数,再加上他在前面讲的声学,可以说是"七艺"了。这一改变,把孔子列为第一位的"礼"这一道德伦理的学问从传统的六艺中排除了出去,从而把道德伦理与科学和技术知识区分了开来,更加鲜明地凸显了科学技术的独立性。

原文

"艺而已矣,不知之无害也。"此近代之儒所以自文其空疏也。

(卷五《乐章》)

注释

艺:指自然知识、艺术和工艺知识。

文:这里是掩饰的意思。

今译

"自然知识和工艺知识不过是'艺'而已,不懂得也没有什么害处。"这是宋朝以来的儒者们用以掩饰其学问空疏的话。

世日新，人弥险

> 世变日新，人情弥险。

　　不是对历史有深刻了解的人，说不出这样的话来。一部《二十五史》，就是一部"相斫史"。中国人之间，乃至父子之间、母子之间、兄弟之间、叔侄之间等等，相互残杀的事实不绝于史。为了什么要相互残害呢？为了财富和权力，加上男人为了女人，女人为了男人。唐太宗为了夺取皇位，不惜发动兵变，杀了自己的哥哥和弟弟；武则天为了皇位，差点就把她自己的儿子全杀光了。至于形形色色的阴谋诡计，也是越来越恶毒和阴险。古代的恶人是明目张胆地杀人，近代的恶人是杀了人而后嫁祸他人，自己却装出好人的样子，让被害者反过来感激他。

　　对历史有深刻了解，但没有切身体验的人，恐怕也说不出这样的话来。顾炎武对家族内部为争夺财产的"窝里斗"是有切身体验的。他二十九岁那年，祖父顾绍芾去世，他作为唯一继嗣的孙子，理应继承家业。然而，出自同一曾祖的从叔和从兄看得眼红,要来争夺家产。于是,便发生了一系列的"家难",先是纵火,继之以抢劫,再就是买通官府打官司,最后是暗杀,使顾炎武险些丧命。在这场卑鄙的窝里斗中,手段的恶毒和奸诈,丝毫也不亚于官场。

在中国传统社会的大家族中,这种事情是经常发生的,明清时期的江南尤甚。一些平时温情脉脉的书生、道貌岸然的学者,到了争夺财产和利益的场合,就什么丑恶卑劣的手段都会使得出来。钱谦益去世后,他的侄子、也算是一位"著名学者"的钱曾(钱遵王)和家族中的一批无赖子弟逼得柳如是上吊自杀,就是后来发生的另一显例。顾炎武之所以对中国人的"窝里斗"的劣根性特别痛恨,除了对政治上的"窝里斗"导致亡国的惨痛教训的总结外,也与他亲身经历的多次"家难"有关。

原文

世变日新,人情弥险。(卷十三《田宅》)

注释

弥:更加。

今译

世界的变化日新月异,而人心也变得更加险恶。

圣人以人占天

> 扬子《法言》曰:"史以天占人,圣人以人占天。"

顾炎武虽然相信天人感应,对于"天道幽且深"怀有一份虔诚而神圣的敬畏,但他更注重人事,强调人事才是决定国家兴衰存亡的最重要因素。

纵观三千年中国历史的盛衰兴亡,总结明朝灭亡的教训,顾炎武认为,国家的兴亡是由人事决定的,而不是由于自然灾异和变故。他说历史上许多盛极一时的朝代之所以走向衰亡,都是由于政治昏乱和腐败所造成。明朝走向灭亡的不祥先兆不是别的,是国家法制遭到破坏,正直的政治力量遭到迫害,奸佞当道,坏女人和宦官(指明朝天启年间皇帝的奶妈客氏和宦官魏忠贤)的专权,而日食、月食、地震和其他的怪异现象,不过都是小事而已。所谓"人无衅焉,妖不自作",其实正是讲的这一道理。

顾炎武还看到,朝廷中的政治昏乱又是与"国俗民情"

○二五

联系在一起的,晚明社会道德沦丧,与朝廷中的政治昏乱互相映照,呈现出一种衰世的景象。古人见长安八水中有三条河断流,而预言周朝行将灭亡;见岷山发生山崩,而忧虑汉祚之将衰。而顾炎武却说,周朝之灭亡,汉祚之将衰,并不需要借助于自然现象来预测,只要看当时的政治状况和国俗民情就可以知道了。

顾炎武反对消极地听天由命。他认为孔子的"死生有命,富贵在天"说会使人陷于无所作为的境地,这与君子应该有所作为的价值观是背道而驰的。真正有道德感、使命感和责任感的人们身处衰世,应该负起救世的责任。

原文

扬子《法言》曰:"史以天占人,圣人以人占天。"(卷四《春秋言天之学》)

注释

扬子:扬雄,西汉哲学家。

史:巫史。

今译

扬雄的《法言》说:"巫史以天象来占卜人间的吉凶,圣人则以人事来占卜天意。"

天地之化

天地之化,专则不生,两则生。

新生命的诞生要靠两性的结合,这是一句大实话,可是顾炎武却由此发挥出"和而不同"的道理。他接着上面那句话说,古人叔詹讲"男女同姓,其生不蕃",因为古代人口少,同姓的人出自同一血缘家族,其结合必然导致人口素质的降低,所以同姓不通婚;郑国的史伯对齐桓公说:"先王懂得和而不同的道理,所以娶异姓的女人为王后,一种声音不能形成和谐的音乐,一种颜色的物品不能构成绚丽的文采。"

古人讲"和而不同",宋儒张载讲"一"与"两"的对立统一,顾炎武之所谓"天地之化,专则不生,两则生",是对前人的观点所作出的新概括。所谓"专则不生"之"专",是指不包含差异和对立的同一,是僵死的没有内在生命力的同一,所以才有"专则不生"之说;所谓"两则生",则与张载所说的"两不立则一不可见,一不可见则两之用息"的意义相同,是把张载的上述命题精练化了。"两则生",也正是王夫之所

○二七

说的"二气交相入而包孕以运动之貌"的意思。有了对立面和对立统一的矛盾运动，自然界和社会也就有了生机和活力。

顾炎武继承史伯关于"和实生物，同则不继"的观点，讲"专"与"两"的对立，似乎还包含了这样的含义，即反对"劐同"，主张兼容差异和对立。孔子之所谓"君子和而不同"的观点，被上升到"天地之化"的规律性的高度来认识，"和而不同"的古老的实践法则由此具有了哲学形上学的意义。

这里顺便说一下，什么叫哲学形上学。所谓哲学形上学，用一句话把它说穿了，其实就是人类为自己的生活和实践所确立的具有终极意义的合理性依据。古人认为，"和而不同"既然是天地之化所遵循的根本规律，那么人类的生活和实践也就理所当然应该遵循这一规律。这也就是中国人古老的"天人合一"的思维方式。不过在这一问题上，中西都一样。钱锺书先生在《管锥编》中告诉我们，西方哲人从古希腊罗马一直到近代，也都讲"和而不同"，甚至有的比我们讲得还要好些。在这一问题上，我们也不应自大，厚己以薄人。

原文

天地之化，专则不生，两则生。（卷六《娶妻不娶同姓》）

注释

天地之化：自然万物的生生不息。

专：单一。

今译

自然界化生万物，是不能只靠一种性别的，只有两性的结合才有新生命的诞生。

孔门传授心法

《中庸章句》引程子之言曰:"此篇乃孔门传授心法。"亦是借用释氏之言。

宋儒程颐仿照佛教师徒之间"心印之法"的神秘授受,提出了"孔门传授心法",这"心法"也就是"尧舜相传之危微精一之言",而"危微精一"之言的本质和核心也就是"存天理,灭人欲"这一理学的根本宗旨。

朱熹对程颐的学说作了进一步发挥。他说尧传给舜"允执厥中"四个字,舜又传给禹"人心惟危,道心惟微,惟精惟一,允执厥中"十六个字。人心是指"人欲之私"的壅蔽,所以"危";道心是指"性命之正"、"天理之公",此微妙难见,故曰"微";"惟精惟一",就是要省察人心道心的区别使之不相混淆,敬守天理之公而不要失堕;"允执厥中",即恪守上天所命的最纯粹的美德,"使道心常为一身之主,而人心每听命焉"。

其实,这个所谓"虞廷十六字诀",乃是伪《古文尚书》的杜撰。可是,宋明理学的根本宗旨就是建立在这一伪撰的"尧舜相传之所谓危微精一之言"的基础上的。"危微精一之言"犹如《红楼梦》中贾宝玉脖子上的那块通灵宝玉,是程朱理学的命根子和理论支柱。推倒了这一理论支柱,程朱理学的体系就会"忽剌剌似大厦倾"。

顾炎武正是看准了这一点,因而针锋相对地提出了"举尧舜相传之所谓危微精一之言一切不道"的主张。他认为,程朱之学与孔子之学的根本区别就在于:孔子是不讲所谓"危微精一之言"的,而程朱理学则是"置四海困穷不言,而终日讲危微精一之说";至于所谓"孔门传授心法"的说法,也是借用的佛教的语言,不是儒学的语言,所以程朱之学非孔子之学。

"举尧舜相传所谓危微精一之言一切不道",这句话是顾炎武对宋明道学所作批判的一个总纲,是对二程、朱熹鼓吹的所谓"孔门传授心法"的道统论和宋明理学的根本宗旨的彻底否定(与顾炎武晚年的尊朱言论迥然异趣)。他认为圣人只讲关系民生和人伦日用的学问,如果要对所谓"圣人之道"的内容作简明而扼要的概括的话,那就只能是"博学于文"和"行己有耻"八个字,顾炎武称之为"修己治人之实学"。这表明了顾炎武的学术宗旨与程朱理学和阳明心学的根本区别。

原文

《中庸章句》引程子之言曰:"此篇乃孔门传授心法。"亦是借用释氏之言。(卷十八《心学》)

注释

《中庸章句》:朱熹《四书章句集注》中的一种。

程子:程颐,北宋理学家。

释氏:佛教。

今译

《中庸章句》引程颐的话说:"这一篇乃是孔门传授心法。"也是借用佛教的语言。

孔子论《易》

圣人之所以学《易》者,不过庸言庸行之间,而不在乎图书象数也。今之穿凿图象以自为能者,畔也。

道教的《太极图》是程朱理学的又一重要理论来源,其"天理"本体论就是借助于对道教"太极图"的阐释而建立起来的。周敦颐作《太极图说》,故被程朱尊为道学之开山。朱熹除了借《太极图》来发挥其"无极而太极,是无极中有个至极之理"的天理本体论以外,还全面继承了邵雍的先天象数学,把《周易》神秘化。其《周易本义》,首列《易图》,他在《伏羲四图》后坦言这些图都得自邵雍,而邵雍则得自道教的传承。又在全部列出九图后总结说,这些图画"最宜深玩,可见作《易》本原精微之意"。此外,朱熹还著有《易学启蒙》一书,专门阐说《周易》象数和占筮方法。

顾炎武要消解程朱理学的先验本体论,就不能不"打破宋儒家中《太极图》"。因此,顾炎武对朱熹的观点给予了极为严厉的批评。他说孔子论《易》,凡体之于身,施之于政者,无非用《易》之事;《易》中与数学的起源有关的内容,也是学《易》的人所不可遗漏的,但却没有专以象数教人为学。他说华山道士陈抟的《易图》,邵雍的先天象数学,都是道教的《易》学,自从这两个人的学说兴起,于是儒者们也穿凿图象以自为能,"空疏之人、迂怪之士举窜迹于其中以为《易》",这就使《易》成为方术之书,与孔子把《易》看作是一本可以使人少犯错误的书相去也就很远了。他所批评的"穿凿图象以自为能者"者,显然也包括朱熹的《周易本义》和《易学启蒙》在内。

为了彻底消解宋儒的先验本体论,顾炎武还从辨析字义入手,揭露了道学祖师周敦颐的"无极之真"说来自老庄道家和道教的学说。他指出老庄道家所讲的"真"是"精诚之至"和"仙人变形登天"的意思,指的是精神上的神秘修炼,与分辨真假的"真"并不是同一种意义:在分辨真假的意义上,"今谓'真',古曰'实';今谓'假',古曰'伪'。"但古人之所谓"假"又与"伪"的意思不同,"假王犹假君。假相国,唐人谓之'借职'是也"。后人不察,明用《孟子》之"良知",暗用《庄子》之"真知"。庄子的"真知"取代了儒家的"实学",道家的神秘的精神修炼取代了儒家的经世致用,这就为后来"御河之水变为赤血"的民族灾难埋下了祸根。

原文

圣人之所以学《易》者,不过庸言庸行之间,而不在乎图书象数也。今之穿凿图象以自为能者,畔也。(卷一《孔子论〈易〉》)

注释

庸言庸行:平常的或日常生活的言行。

穿凿:非常牵强的解释,把没有这种意思的说成有这种意思。

畔:通"叛"。

今译

圣人之所以学《易》,不过是在日常生活的言行之间,而不在乎图书象数。如今的那些牵强附会地解释图象以显示自己有才学的人,是有违于《易》学宗旨的。

性与天道

> 夫子教人文行忠信,而性与天道在其中矣。

　　顾炎武认为,不是孔子不讲性与天道这些形而上的学问,而是说性与天道就在人们日常的生活与实践之中,在文行忠信的道德践履之中,脱离了生活与实践就无所谓性与天道。有人怀疑孔子是否有所隐瞒而有意回避性与天道的问题,对此,顾炎武引述孔子的自我表白来予以澄清。他说孔子讲得很清楚,他并没有向弟子们隐瞒其关于性与天道的见解。弟子们之所以不可得而闻,是由于不懂得"夫子之文章,无非夫子之言性与天道"的道理。

　　他反对在自然和人事之外虚悬"性与天道",说孔子讲天道就在四时行、百物生之中,离开了四时行、百物生,又哪里来所谓天道?圣人法天,故不在四时行、百物生之外去虚悬一个所谓"天道"。至于讲到人事,性与天道也就在具体的社会人事现象之中,在士人的出处进退之中,不能也不应脱离生活与实践去空谈性与天道,人们只能从活生生的人类社会生活中去探寻人性的真谛和社会运作的规律。

他认为"性与天道"要在日用之常中去体察,反对空谈性理而堕入禅学。他反对空谈心性,但并不拒斥讲"一贯"、讲"尽心"、讲"下学而上达",而是要把哲理从虚无缥缈的幽冥世界拉回到现实的人间,讲现实生活世界中的道理,提倡就在现实的生活和实践中"尽心"、"上达"、"一以贯之"。

对于宋儒整天在那里从事心性空谈、以致道学语录汗牛充栋的现象,他嘲讽说:"孔门弟子不过四科,自宋以下学者则有五科,曰'语录科'。"关于孔门四科,一说是指文、行、忠、信,又一说是指德行、言语、政事、文学,但无论如何,是没有所谓"语录科"的。他又批评宋明道学家"以明心见性之空言,代修己治人之实学",实际上是说道学家们用"语录科"取代了孔门四科。

原文

夫子教人文行忠信,而性与天道在其中矣。(卷七《夫子之言性与天道》)

注释

夫子:孔子。

文行忠信:孔门四科的说法之一,文指文章,行指行为规范,忠是忠诚,信是信义。

性:关于天地万物之性和人性的总称。

天道:宇宙规律。

今译

孔子教人做文章,教人以文明的行为规范和忠诚信义的人格操守,关于性与天道的微妙学理也就包含在其中了。

清谈之流祸

昔之清谈谈老庄，今之清谈谈孔孟。

顾炎武在从思想文化方面总结明朝灭亡的教训时说，当年五胡乱华，是由于魏晋文人的清谈所造成的，谁知道到了晚明，文人的清谈之风更甚于以往的朝代。这些人不习六艺之文，不考百王之典，不综当代之务，却只知道心性空谈。他们自认为掌握了圣人的最精微的道理，说什么"一贯"；其实又说不出个所以然来，于是就有了"无言"的遁词，说自己的学问太精深、太微妙了，不是语言所能表达的。总之，是总有一套故弄玄虚、自我神化的本领，简直有点像江湖上的骗子了。其结果是"股肱惰而万事荒，爪牙亡而四国乱。神州荡覆，宗社丘墟"，一个有一亿左右人口，综合国力比关外的满清要强百倍也不止的明王朝，竟被一个只有十万人口的民族所征服。对于满清，这是世界历史上从来也不曾有过的奇迹；对于明朝，这是空前的奇耻大辱。

他说当年晋朝的大臣王衍，最善于说那些玄妙的空话了，他自比孔门高弟子贡，到了被石勒所杀、就要引颈受戮的时候，环顾左右，说："呜呼！吾曹虽不如古人，向若不祖尚浮虚，戮力以匡天下，犹可不至今日！"如今的君子们如果还记得这件事，能不因为王衍临死前说的这句话而感到羞愧吗？最可悲的是，魏晋时期的清谈，谈的是老庄；晚明的清谈，谈的却是孔孟之道。孔孟是最重实际的，怎么却成了清谈的话题呢？可惜顾炎武没有把这一问题深究下去。要深究的话，就要深究到那些迂腐的清流们了，他们在明朝到了最危急的时候，还在与崇祯皇帝争论不休，对崇祯皇帝大讲特讲那些道德的空话，却拿不出一条可以挽救国家的对策来。

顾炎武把王阳明学说看作是导致"神州荡覆、宗社丘墟"的祸根，以此解释明朝的灭亡，未免有些简单化了。王阳明学说及其学派极其复杂，并不全是空疏。后人空谈"良知"，并不践行，是不能归罪于王阳明的。对此，清代学者彭定求曾作《姚江释毁录》一书予以辨正。他说："论者谓明之灭亡，不亡于流寇，而亡于学术。意以此归罪阳明。嗟乎，诚使明季臣工，以'致良知'之说，互相提撕警戒，则必不敢招劝纳贿，必不敢防贤虐忠，必不敢纵盗戕民。识者方恨阳明之道不行，不图诬底者，颠倒黑白，逞戈矛，弄簧鼓，一至斯极也。"其实，顾炎武与王阳明的分歧，也不在于要不要讲良知，而在于是否重视经世致用的学问。顾炎武的"行己有耻"说,实际上就是对王阳明的"良知"说的继承。其对王阳明的批判,也主要是从是否重视"实学"的方面立论的。从这一特定的语境来理解顾炎武对王阳明学说的愤激批判,庶几可以做到入情合理,有知人论世之明。

原文

昔之清谈谈老庄,今之清谈谈孔孟。(卷七《夫子之言性与天道》)

注释

清谈:不切实际的谈论。

老庄:老子和庄子,春秋战国时期道家学派的代表人物。

今译

魏晋时期的清谈,谈的是老庄学说;今日之清谈,谈的是孔孟之道。

不通古今之见

> 谓罢侯置守之始于秦,则儒生不通古今之见也。

传统的观点认为,废封建、立郡县是从秦始皇开始的。如《汉书·地理志》就是持这种观点,后人都把这一观点视为定论,其实是不对的。

顾炎武以大量的事实证明,早在秦始皇统一中国以前,郡县制就已经在各诸侯国中普遍存在了。春秋时期那些被灭亡的小国,就已经成为县的建制了;战国时期,就已经有郡的建制了;六国还没有被秦国吞并之前,就已经在实行郡县制度了,所以史书上说乐毅攻克齐国的七十余城,这些地方就成了燕国的郡县。又怎么能说直到秦始皇才开始罢侯置守呢?

从通观历史发展进程的观点立论,顾炎武指出郡县制的形成乃是中国历史长期发展的必然结果。他说相传大禹治水的时候,大会诸侯,那时前来朝拜大禹的有"万国";到了周武王的时代仅剩一千八百国,春秋时见于经传的有一百四十余国,又合并而为十二诸侯,进而并为七国,最后是秦的统一,这一切都体现了历史发展的必然趋势。即使秦始皇想恢复古制,也是不可能的。

顾炎武的以上论述,不仅纠正了长期以来人们习以为常的一大错误观念,而且还天才地猜测到了社会历史领域中由量变到质变的规律。郡县制从产生到逐渐在全国范围内取得统治地位,正是一个从量变到质变的过程。

原文

谓罢侯置守之始于秦,则儒生不通古今之见也。(卷二十二《郡县》)

注释

罢侯置守:侯,诸侯;守,守令;指废封建、立郡县。

今译

说废封建、立郡县是从秦始皇开始的,乃是儒生们不通古今的见解。

郢书燕说

今人学《春秋》之言皆郢书燕说，而夫子之不能逆料者也。

传统的观点认为，孔子在世时已有《左传》，孔子是取《左传》而加以删削以成《春秋》一书的，因而在其"笔削"之中实有"大义微言"之所在。顾炎武则认为，《春秋》以"西狩获麟"绝笔，而《左传》则是出于获麟之后，怎么谈得上据《左传》而笔削之呢？

他认为孔子作《春秋》的方法只是"多闻阙疑，慎言其余"八个字，只有按照这一方法去理解《春秋》，才是一种"甚易而实是"的方法；而从《春秋》中去寻找什么"笔削大义微言"，则是一种"甚难而实非"的方法。他说《春秋》所记载的史实，按照年代的远近，可分为三世：即"所见世"、"所闻世"、"所传闻世"。孔子对于其所亲见的鲁昭公、鲁定公、鲁哀公三朝之事，乃直接用以补国史所缺；而对于"所闻世"和"所传闻世"的史事，就不得不采取十分慎重的态度了。《春秋公羊传》据此发挥的所谓微言大义,乃是不着边际的牵强附会之说,并非孔子的原意。

顾炎武致力于祛除后儒笼罩在《春秋》一书上的神秘色彩,把后儒借阐说《春秋》而发挥的一套维护专制政治伦理的说教统统说成是对孔子的曲解,具有难能可贵的积极意义;但他忽略了孔子的"为尊者讳",又是他的不足之处。

原文

今人学《春秋》之言皆郢书燕说,而夫子之不能逆料者也。(卷四《春秋阙疑之书》)

注释

郢书燕说,比喻穿凿附会,曲解原意。语出《韩非子·外储说》,说的是有个郢都人给燕国宰相写信,灯火不够明亮,就对拿蜡烛的人说:"举烛。"随手就把这两个字写到信上。燕国宰相看了这封信,说:"举烛的意思是崇尚光明,这是叫我举荐贤能呢。"

逆料:预料。

今译

如今的学者借孔子的《春秋》一书来发挥的所谓微言大义,其实都误解了孔子的意思,这是孔子所意想不到的。

平王东迁真相

> 后之人徒以成败论,而不察其故,遂谓
> 平王能继文武之绪,而惜其弃岐、丰七
> 百里之地,岂谓能得当日之情者哉!

从来的史书都讲"平王中兴",顾炎武不同意这一观点,他说这是后人徒以成败论英雄而不考察历史事实的典型。根据汲冢出土的《竹书纪年》所提供的史料,他为我们讲述了历史的真相。

事实是:周幽王宠爱美女褒姒,威胁到世子宜臼的地位,宜臼因此出走到申国,勾结犬戎打进都城镐京,杀了自己的父亲周幽王和兄弟太子伯盘,登上了王位,称周平王。虢公翰不满,便在"携"这个地方另立王子余臣,从此周朝便出现了二王并立的局面。宜臼(周平王)东徙雒邑,受到晋文侯等诸侯的拥戴。《尚书》中的《文侯之命》,就是周平王为报晋文侯立己之功、并希望他为自己除掉王子余臣而写的。到了周平王二十一年时,晋文侯终于杀了在携地称王的王子余臣,从此平王的统治地位才得以巩固。

顾炎武独具只眼地看到:正是周平王勾结犬戎,才使得西周的典章文物荡然皆尽,镐京之地尽为西戎所有,而他自己则不得不东徙雒邑以自保。这其实是一部华夏民族的败类们为了一己之私利而出卖民族利益、引狼入室、杀害自己的父兄和同胞的耻辱史,哪里说得上是什么"周室之中兴"、什么"继文武之绪"呢?

顾炎武批评的以成败论英雄的观点,即鲁迅所批评的"抢得了天下的便是王,抢不到天下的便是贼"的古老政治逻辑。这种荒唐的政治逻辑,无疑是造成史书记载严重失实的一个主要因素。

原文

后之人徒以成败论,而不察其故,遂谓平王能继文武之绪,而惜其弃岐、丰七百里之地,岂谓能得当日之情者哉!(卷二《文侯之命》)

注释

文武:指周文王和周武王。

绪:事业,功业。

今译

后人以成败论英雄,而不考察其成败的原因,就说周平王能继承周文王和周武王的功业,只惋惜他丢弃了岐山、丰镐一带的七百里之地,这哪里说得上了解当时的实际情况呢!

汉文帝节俭吗?

> 史策所书,未必皆为实录。

　　我们所读的中国历史书都说汉文帝是一个节俭的皇帝,证据是他临终前主张薄葬的遗诏。可是顾炎武却告诉我们,历史事实并非如此。

　　顾炎武发现,由于专制政治缺乏透明度,很多事情不让人知道,所以即使像司马迁这样秉笔直书的史学家,也有因"事秘莫知"而不能写出历史真相的情形。例如汉文帝主张薄葬的遗诏,就是《史记·孝文纪》记载的。直到西汉末年的大学者刘向,对此仍深信不疑。有没有这份遗诏呢?应该说是有的,司马迁不会凭空捏造。但他不懂得对于皇帝来说,有些事情是只说不做、有些事情是只做不说的。所以天真的读书人就以为汉文帝是一个节俭的皇帝。

　　然而,顾炎武则从《汉书·张汤传》中发现了"武帝之时已有盗发孝文园瘗钱者"的事实,而《晋书·索綝传》中更有"盗发霸、杜二陵,多获珍宝"的记载,据索綝说,汉朝皇帝从

〇四九

即位之年起就开始为自己修陵墓,每年皆以天下贡赋的三分之一放到陵墓里面去。顾炎武正是根据这些史料,推翻了《史记·孝文纪》关于汉文帝薄葬的记载。

通过这件事的考证,顾炎武得出了"史策所书,未必皆为实录"的结论。《史记》尚且如此,其他史书的失实问题就更严重了。司马迁是由于不明真相而失实,那其他一些历史学家就不完全是这样了。在进一步的研究中,顾炎武发现,历代史书之所以不可尽信的主要原因,在于作史者或者为维护统治者的利益而伪造历史,或者为家族之利益而篡改历史,或者为贪图一己之私利而歪曲历史。他认为要想给后人留下真实的历史,就必须以历史科学的价值中立原则取代传统史学的政治伦理原则。

原文

史策所书,未必皆为实录。(卷十五《厚葬》)

注释

史策:策,古代写字用的竹片或木片;史策,即史书。

今译

历史书上所写的,未必都是事实的记录。

三国是"魏蜀吴"吗?

> 陈寿作《三国志》……改汉为蜀,……
> 异代文人不察史家阿枉之故,若杜甫诗
> 中便称蜀主,殊非知人论世之学也。

说起中国历史上的"三国",几乎人人都说魏蜀吴。君不见中央电视台"百家讲坛"的说三国节目,无数次地在屏幕上出现的三国地图,都赫然写着"魏蜀吴"三个大字。电视连续剧《三国演义》,诸葛亮率领的军队的旗帜上也都写着一个"蜀"字。随便翻开一本中国历史教科书,也都说三国是"魏蜀吴"。不过这一说法却是错的。刘备在蜀中称帝,国号是"汉",不是"蜀"。

很早就有人指出以三国为"魏蜀吴"的说法是错误的了。宋朝人黄震写的《黄氏日抄》说:"蜀者,地名,非国名也。昭烈(汉昭烈帝刘备)以汉名,未尝以蜀名也。不特昭烈未尝以蜀名,虽孙氏之盟亦曰'汉、吴既盟,同讨魏贼'。是天下未尝以蜀名之,名之者魏人也。"

顾炎武也说称三国为"魏蜀吴"的说法不合乎历史事实。他说这一说法是《三国志》的作者陈寿为了谄媚当权的司马氏集团而造出来的。《日知录》卷二十四《主》条广征博引,证明刘备于蜀中称帝,其国号是"汉",不是"蜀";刘备是称帝,不是称"主"。可是《三国志》的作者陈寿为了谄媚司马氏集团,却把刘备的国号"汉"改为"蜀",因为"当时魏已篡汉,改称昭烈为蜀,使不得附汉统"。又以"晋承魏统,义无两帝"为理由,创立先主、后主之名,称刘备为"先主",称刘禅为"后主"。这些做法都是对历史事实的公然篡改。

陈寿为什么要称刘备为"先主"、称刘禅为"后主"呢?顾炎武也作了考证,指出"主"是当时妇女的称谓(苏林解《汉书》"公主"云:"妇人称主。"),陈寿称刘备、刘禅为"主",正如诸葛亮给司马懿送妇女服装一样,是为了羞辱对方。陈寿的这一做法,引起了后人对历史文献的进一步篡改,例如把诸葛亮著作中凡是称"先帝"的地方全部改为"先主"等等。朱熹的《通鉴纲目》称刘禅为"后主",亦是沿袭前人的错误说法。

顾炎武批评说,后人"不察史家阿枉之故",沿用陈寿的说法,说什么"魏蜀吴三国鼎立",这样的史学是称不上"知人论世之学"的,这样的史学研究者也仿佛都像陈寿似的成了"曹氏、司马氏之臣"了。陈寿改"汉"为"蜀",是中国古代学者为了谄媚权势者而篡改历史的恶劣行径,后人理应加以纠正,而不应认同这一行为。

古时候传播媒体很不发达,所以《黄氏日抄》和《日知录》对陈寿把"魏汉吴"改称"魏蜀吴"的错误说法的纠正,不可能为多数人所知晓。如今新闻媒体高度发达,是到了彻底纠正这一错误的时候了。

原文

陈寿作《三国志》……改汉为蜀,……异代文人不察史家阿柱之故,若杜甫诗中便称蜀主,殊非知人论世之学也。(卷二十四《主》)

注释

阿柱:为阿谀奉承而歪曲事实。

今译

陈寿作《三国志》,把刘备的国号"汉"改为"蜀",后来的文人不考察历史学家阿谀奉承、篡改历史的缘由,像杜甫诗中便称刘备为"蜀主",绝非知人论世之学。

文人为何谀墓

> 文人受赇,岂独韩退之谀墓金哉。

人们一提起文人写谀墓之作而发财的事,总是首先想到韩愈,而顾炎武却列举了大量史实,证明这种风气从汉朝以来就已经盛行,大文人如蔡邕、李邕,皆以写谀墓之作而发财,而韩愈不过是这种风气的一个继承者而已。

关于蔡邕,顾炎武指出,此人文集中有大量的谀墓之作,全是为有钱有势的人家写的,为了钱,他甚至为七岁和十五岁的小孩子写碑文,只因为他是大儒,所以史书隐而不言。蔡邕不过是汉代文人的一个代表而已,其行为反映了当时的一种社会风气。

再说唐朝的李邕。顾炎武引杜甫《八哀诗》李邕篇为证。诗云:"干谒满其门,碑版照四裔。……紫骝随剑几,义取无虚岁。"李邕本来就擅长写碑颂一类文章,当时的达官贵人都带着金帛去请他写,他前后所受的金钱以"钜万计"。连杜甫的诗都把不义之财说成"义取",不把靠写谀墓之作发财看作是不道德的事，可见这种风气在社会上是多么盛行了。

关于韩愈，顾炎武引刘禹锡、李商隐的文章为证。刘禹锡在《祭韩愈文》中说："公鼎侯碑，志隧表阡，一字之价，辇金如山。"顾炎武说这句话"可谓发露真赃"。李商隐在《记齐鲁二生》一文中说，刘叉从韩愈家里拿了几斤金子走，说"这是阿谀墓中人所得，不如给我作寿"，韩愈很心疼，但又无可奈何。历史上的谀墓之作，乃是历代官修正史的史料依据，由此而造成了史书的严重失实。

如果说顾炎武说文人写谀墓之作，所依据的还是别人揭他人老底的材料的话，那么，清朝乾嘉时期的大历史学家赵翼就公开地站出来现身说法了。他以自己的切身经历和体验证明，所谓"青史"的真实性根本就是靠不住的，其《后园居诗》之五写道：

> 有客忽叩门，来送润笔需。乞我作墓志，要我工为谀。言政必龚黄，言学必程朱。吾聊以为戏，如其意所需。补缀成一篇，居然君子徒。核诸其素行，十钧无一铢。此文倘传后，谁复知贤愚。或且引为据，竟入史册摹。乃知青史上，大半亦属诬。

旧时代的很多文人学者，或为了生计，或囿于人情，不得

〇五五

不写谀墓之作,赵翼也不例外。而这些谀墓之作,大都与事实有很大出入。赵翼由此联想到,后人依据这许许多多的墓志铭而作的史书,又有几分真实性呢? 结论是:"乃知青史上,大半亦属诬。"这是我们如今读历史书时所应该留心的。

原文

文人受赇,岂独韩退之谀墓金哉。(卷十九《作文润笔》)

注释

赇:贿赂。

韩退之:韩愈,字退之,唐朝大儒,文学家。

今译

文人接受贿赂,又岂止韩愈接受谀墓金这一件事。

正统

> 后人作书，乃以编年为一大事，而论世之学疏矣。

朱熹治史，主于"正统"。从正统观念立论，就必定要在年号的书写上违背史实，如朱熹的《通鉴纲目》不写武则天年号而用唐中宗年号，把只有一年的唐中宗嗣圣纪元写成二十一年。至于国内多个政权并立时期，更要从中确立一个政权为"正统"而书写其年号，至于其他政权的年号则必须黜去。为此，朱熹可谓煞费苦心；然而，亦终有不能确定孰为"正统"的"无统"时期。儒者们往往为争孰为正统而争论不休，却忘记了治史的根本原则是实事求是。

顾炎武反对以"正统"观念歪曲历史，主张年号的书写应当从实。他说年号与政权合法不合法、正统非正统不相关。如周平王四十九年，孔子则写为鲁隐公元年，这是为什么呢？因为《春秋》是鲁国的国史，所以根据这个国家的人所用的年号而书写之。如果晋国的国史《乘》还存在，则必定以这一年为鄂侯二年。如果楚国的国史《梼杌》还存在，则必定以这一年为楚国的武王十九年。写三国的历史，汉国人的传记中自用汉年号，魏国人的传记中自用魏年号，吴国人的传记中自用吴年号。推之南北朝、五代、辽、金，亦各自用其年号，这就叫做从实。且王莽篡汉，而班固作传，对于始建国、天凤、地皇的年号，一一用以纪年，因为不得不以此纪年；班固的《汉书》书写王莽的年号，并不意味着拥戴他篡汉当皇帝。这本来是很简单的事情，可是宋儒却把它复杂化了。

顾炎武认为，从正统观念出发去书写历史，只能导致对史实的歪曲；而围绕着谁为正统的问题而展开的争论，亦可谓毫无意义。朱熹本想用正统观念来"诛乱臣，讨贼子"，体现《春秋》惩劝之法；但在顾炎武看来，在历史研究中贯彻政治伦理的原则，不仅违背历史研究当"从实"的原则，而且会导致论世之学荒疏的结果。这一观点，颇能切中传统史学的弊病，反映了使史学摆脱政治伦理的束缚、实现学术独立的时代要求。

原文

后人作书，乃以编年为一大事，而论世之学疏矣。（卷二十《年号当从实书》）

注释

编年：这里指年号的书写。

疏：荒疏。

今译

后人写书，把年号的书写看作大事，反而把真正深刻认识社会历史的论世之学荒疏了。

俳谐之文不当与之庄论

> 古人为赋，多假设之辞。序述往事，以为点缀，不必一一符同也。……而《长门赋》所云，陈皇后复得幸者，亦本无其事。俳谐之文不当与之庄论矣。

顾炎武认为，在考辨历史记载的真伪时，必须注意把文学创作的虚构与真实的历史记载严格地区分开来，提出了"俳谐之文不当与之庄论"的史料鉴别原则。

他说文学创作是允许虚构的，不必一一合乎历史事实，因而其中多有"子虚"、"乌有"、"亡是公"的语言，例如司马相如的赋就是如此，后人效法司马相如的创作手法的就更多了。有些作品还是后人托名写的，如相传为司马相如所作的《长门赋》就是如此。该赋序言提到汉武帝的谥号，司马相如根本就不可能知道，因为他早在元狩五年（公元前117年）就去世了，而汉武帝则死于司马相如去世后三十年。序言中说失宠的陈皇后以百金托司马相如作赋，汉武帝读了

《长门赋》后深受感动，陈皇后因此而重新受到宠爱，这也是历史上所没有的事情，陈皇后是在抑郁痛苦中死去的。这种完全不是事实的想象和虚构，只是反映了人们的某种善良美好的愿望，就像马融的《长笛赋》所虚构的"屈平适乐园，介推还受禄"一样，怎么能够当作真实的历史来看待呢？

历史研究与文学创作不同，只能遵守有一分事实说一分话的原则。因此，在历史研究中，必须严格区分什么是真实的历史记载，什么是文学家的虚构和想象，不可把文学家的虚构和想象当作真实可信的史料加以使用。当然，文学作品也并非不能反映真实的历史，莎士比亚的作品有很多是写英国历史的，他被英国议会当作伟大的历史学家来尊崇，就是因为他写的英国史剧作没有违背最基本的历史事实。

原文

古人为赋，多假设之辞。序述往事，以为点缀，不必一一符同也。……而《长门赋》所云，陈皇后复得幸者，亦本无其事。俳谐之文不当与之庄论矣。（卷十九《假设之辞》）

注释

假设：这里指想象或虚构。

《长门赋》：汉代作品，托名司马相如所作。

俳谐之文：指文学作品。

庄论：庄重的议论或记述，这里指真实的历史记载。

今译

古人作赋,多想象或虚构之辞,作为叙述往事的点缀,不必一一符合历史事实。……而《长门赋》序中说陈皇后复得汉武帝宠幸,亦本无其事。不应该把文学作品看作真实的历史记载。

神来之笔

> 古人作史,有不待论断,而于序事之中即见其指者,惟太史公能之。

为了使历史学能够发挥"鉴往以训今"的作用,顾炎武十分推崇司马迁"于序事中寓论断"的史学方法。这种治史方法,是在据事直书的基础上,将事实判断与价值判断有机地统一起来。他特别提到的《平准书》末载卜式语、《王翦传》末载客语、《荆轲传》末载鲁句践语等五个例证,都是司马迁善于寓论断于叙事之中的一些典型事例。

但《史记》中"于序事中寓论断"写得最精彩的,依我看来,无过于《叔孙通列传》和《淮阴侯列传》。

《叔孙通列传》似庄实谐地把叔孙通称为"汉家儒宗",借鲁两生之口斥其"所事且十主,皆以面谀得亲贵";又借叔孙通的一大群弟子之口,把这位"汉家儒宗"善于面谀的本领写得活灵活现。叔孙通把汉高祖赏的钱分给弟子们,又为他们谋得了郎官的职位,弟子们一片欢腾,都说叔孙通"真圣人也,知

〇六三

当世之要务",又使他的这帮弟子们的真面目跃然纸上了。

《淮阴侯列传》更以十分巧妙的手法,把吕后和萧何秉承刘邦的意图罗织韩信的罪名而将其杀害的真相透露给世人。顾炎武特别提到《淮阴侯列传》篇末所载蒯通与刘邦的对话,说"令人读之感慨有余味";又说"《淮南王传》中伍被与王答问语,情态横出,文亦工妙",对班固的《汉书》将这两段话全部删去而深表惋惜。

顾炎武之所以特别欣赏《淮阴侯列传》篇末所载蒯通与刘邦的对话,也是明显带有"鉴往以训今"的意图的。表面上是皇后与丞相密谋诛杀功臣,而实际上他们秉承的是皇帝的旨意,世人千万不要被历史的表象所迷惑。

原文

古人作史,有不待论断,而于序事之中即见其指者,惟太史公能之。(卷二十六《史记于序事中寓论断》)

注释

指:意旨,用意。

太史公:指司马迁。

今译

古人写历史,有不作评论,而在叙事之中就可以看出其用意的,只有司马迁能够做到。

胸有天下大势

太史公胸中固有一天下大势，非后世书
生之所能几也。

宋儒朱熹的学生到吕祖谦门下去问学，吕祖谦很推崇司马迁，常对他们谈论《史记》。这使朱熹非常恼火，愤怒地说，史什么学？把个司马迁抬得与孔子差不多高了；又说司马迁学问"疏略浅陋"，"本意却只在权谋功利"等等。

与朱熹的观点相对立，顾炎武盛赞司马迁胸中有天下大势，你看他描写秦楚之际群雄逐鹿，军队的部署，行军的路线，克敌制胜的奇策，其中种种曲折变化，简直是了如指掌，叙述得极其生动明晰，这哪里是后来的读书人所能够比得上的。顾炎武还赞扬司马光的《资治通鉴》"所载兵法甚详"，无论是什么人，哪怕有一策半策可取，也予以记载，以为或许后人有用得上的时候；对于朱熹的《通鉴纲目》将《资治通鉴》所载用兵之策大半削去的做法，坦率地作了批评。

朱熹不让读书人懂得军事，可能是出于一种善良愿望，

〇六五

然而这又恰好遂了帝王的心愿。帝王出于私天下的阴暗心理，非常害怕有真才实学的人出现，特别是害怕有卓越军事才能的人出现，所以才用政治和道德的空谈来治读书人，让他们整天空谈道德，宁可他们做假道学，也不让他们有治国用兵的真本领。明朝灭亡的时候，假道学们纷纷当了汉奸，而真道学们则是"愧无半策匡时艰，临危一死报君恩"。顾炎武对司马迁的表彰，正是基于对明朝灭亡教训的总结。

原文

太史公胸中固有一天下大势，非后世书生之所能几也。（卷二十六《史记通鉴兵事》）

注释

太史公：指司马迁。

几：及。

今译

司马迁胸中有天下大势，不是后世书生所能几及的。

圣人不凭藉武力吗?

《书》之言,文王曰大邦畏其力。文王
何尝不藉力哉?

　　圣人不凭借武力是儒家的传统观念。孟子说,周文王的
国土只有百里,却能够取得天下,靠的是仁义道德。这虽然
完全不合乎历史事实,但却反映了孔孟儒家崇尚文治、不尚
暴力的思想特征。

　　朱熹也讲"圣人不藉力",似乎是对孟子思想的继承。
但却有一个微妙区别:朱熹的不凭借武力,仅仅说的是对外
关系;对内,却是极力主张严刑峻法、暴力镇压的。近代大儒
曾国藩、李鸿章等人,对内镇压可以说是无比心狠手辣,其军
队作战也很勇猛;可是对外,他们的军队与洋人打起仗来,却
几乎全都成了西皮流水。这就是宋明理学家的传统。

　　顾炎武总结明朝被游牧民族征服的教训,对"圣人不藉
力"的传统观念提出了质疑。他通过考证,发现周朝从其祖
先王季起就不断凭借武力扩张疆土,周文王从岐山迁到丰地

〇六七

时，其国土已跨三四百里之地，然后又把疆土扩张到黄河边上。到了周武王，更把势力范围扩大到西及梁、益，东临山西上党的广大地区；而商纣王的势力范围，不过河内殷墟和东方诸国而已。周武王伐纣势如破竹，凭借的正是其军事实力，谁说圣人不凭借武力呢？他以事实证明，孟子之所谓"文王以百里"而得天下、圣人从不凭借军事实力的说法是不合乎历史事实的。

顾炎武从历史研究中体会到，在历史发展中真正起决定作用的不是空洞的道德说教，而是现实的政治、经济、军事实力的对比，是实力的较量。因此，一个民族要立于不败之地，就不能不讲实力。他是从保卫自己民族的角度来讲要凭借武力的，所以是合理的。至于对内，他还是继承了先秦儒家提倡文治、不尚暴力的合理思想因素。

原文

《书》之言，文王曰大邦畏其力。文王何尝不藉力哉？（卷七《文王以百里》）

注释

《书》：指《尚书》，中国上古时代政治文献的汇集。

文王：周文王。

藉：凭借。

今译

《尚书》记载,周文王说,连大国都畏惧他的武力。文王何尝不凭借武力呢?

据事直书

门户之人,其立言之指各有所借,章奏之文互有是非。作史者两收而并存之,则后之君子如执镜以照物,无所逃其形矣。

价值中立原则是历史学之所以能成其为科学的根本原则,是"实事求是"原则的本质属性,也是能否真正做到实事求是的关键所在。顾炎武既拒斥"《春秋》笔削大义微言",反对在史学研究中贯彻政治伦理原则,强调史学当"纪实"、"从实",这就必然导致价值中立原则的确立。

顾炎武明确反对以门户或党派偏见去剪裁历史,反对"于此之党则存其是者、去其非者;于彼之党则存其非者、去其是者"。认为这种凭党派偏见去歪曲历史的做法,是造成"国论之所以未平、百世之下难乎其信史"的根本原因。而要示人以信史,历史学家就应超越于门户或党派的利益之上,在纷繁复杂的党派之争中保持价值中立的立场,对互有是非的章奏之文两收而并存之,不可以"偏心"谬加笔削,不可站在特定党派利益的立场上以一面之词来求胜。

他很赞赏崇祯皇帝批阅侍讲李明睿奏疏时写的一句话:"纂修《实录》之法,惟在据事直书,则是非互见。"称这句话是"万世作史之准绳"。崇祯皇帝未必具有顾炎武的卓识,他讲此话的真正意图其实不过是要显示其在朝廷的党派斗争不偏不倚而已;而顾炎武则借此以确立史学的价值中立原则,二者实在是不可同日而语的。

他主张在《明史》的修撰中贯彻价值中立原则。认为《明史》的修撰最重要的是保存明朝的历史资料,反复强调对于互有是非的章奏之文都要予以收录,而不要作褒贬的价值判断;至于孰是孰非,让后人去评说。其原因,一是翔实的史料乃是作出正确的价值判断的根本前提,只要修史者能忠实于历史的事实,即使不作任何价值判断,后人也会根据这些真实的史料而作出自己判断;二是对于历史上的是非功过的评论,往往受到当代历史条件的限制,而后人所作出的结论往往是更为公允的。

原文

门户之人,其立言之指各有所借,章奏之文互有是非。作史者两收而并存之,则后之君子如执镜以照物,无所逃其形矣。(卷十八《三朝要典》)

注释

门户:指晚明朝野的不同党派。

两收:兼收。

今译

门户或党派之中的人,其立言的意图各有所凭借,章奏之文互有是非。写历史的人对于对立党派的言论文字兼收而并存之,则后来的君子如执镜以照物,对立双方的面目都无所逃其形了。

不以人废言

> 古人每事必祭其始之人,耕之祭先农也,桑之祭先蚕也,学之祭先师也,一也。

在学术史研究中,顾炎武也主张要贯彻价值中立原则,不以人废言,不以学者在道德上的玷缺而抹杀其学术地位。他认为,确定一个人在学术史上的地位,应以学术为标准,而不是以道德伦理为标准。他说人们之所以在谁该从祀孔庙的问题上争论不休,就在于把孔庙看得太神圣了,其实没什么神圣的,儒不过是很多职业中的一种而已,没有什么了不起。顾炎武的见识,就是如此与常人不同。

在唐朝,从祀孔庙的有二十二人,他们是左丘明、卜子夏、公羊高、穀梁赤、伏胜、高堂生、戴圣、毛苌、孔安国、刘向、郑众、杜子春、马融、卢植、郑玄、服虔、贾逵、何休、王肃、王弼、杜预、范宁。可是在这二十二人中,不少人是有劣迹的。例如戴圣在九江做官时,多有不法行为,其子及宾客简直就是一群强盗;马融为大奸臣梁冀起草奏疏,陷害忠良李固;杜预也曾经做过贿赂权要这种丧失人格的事。鉴于历史上很多著名儒家学者都有劣迹的事实,明朝嘉靖九年,朝廷决定将戴圣、刘向、马融、贾逵、何休、王肃、王弼、杜预等人逐出孔庙,把郑众、卢植、郑玄、服虔、范宁改为祀于其乡,原先从祀孔庙的二十二人中就只剩下九人了。

对此,顾炎武非常不满。他当然不是为这些被逐出孔庙的人的劣迹辩护,而是认为这些人在学术上还是有贡献的,应该肯定他们在学术史上的地位。他说如果要按道德标准来衡量,孔门十哲中也有一些人有很不道德的行为,如冉有用重税搜括民财等等,也该把这样的人逐出孔庙,为什么却还供在那里呢?但与平常人的眼光不同,顾炎武并不把孔庙看得有多神圣,他认为读书人祭孔,不过像耕田的人祭"先农",养蚕的人祭"先蚕"罢了,所以从儒学的传承看,即使像戴圣、马融这样的人,在学术史上也自有其一席之地,不应加以否弃。

原文

古人每事必祭其始之人,耕之祭先农也,桑之祭先蚕也,学之祭先师也,一也。(卷十四《嘉靖更定从祀》)

注释

先农:农业的创始人神农氏。

先蚕：养蚕的创始人嫘祖。

先师：儒学的创始人孔子。

今译

古人对于各种职业的创始之人总是予以祭祀，种田人祭先农，植桑养蚕的人祭先蚕，学者祭先师，都是一回事。

夸毗之性

> 然则丧乱之所从生,岂不阶于夸毗之辈乎?

什么叫"夸毗"? 顾炎武引《释训》和《后汉书》告诉我们:所谓夸毗,就是身体软得像没有骨头,指做人没骨气、没操守。用今天的话来说,所谓夸毗之性,就是奴才之性,谄媚之性,善于变化、毫无操守之性。

他说"夸毗"一词出自汉代,但夸毗之性并不始于汉代,早在春秋战国时期就已盛行,屈原说楚国之士"如脂如韦",孔子也说"吾未见刚者"。夸毗的价值观念是,以多磕头、少说话为明智,以对上司柔顺为贤能,以言行正直为狂愚,以不肯同流合污为不达时宜;"无所可否,则曰得体;与世浮沉,则曰有量;众皆默,己独言,则曰沽名;众皆浊,己独清,则曰立异"。白居易的《胡旋女》诗云:"天宝季年时欲变,臣妾人人学圆转。"这两句诗就是形容那些如同歌妓舞女一般的士大夫的。用鲁迅的两句带有大男子主义色彩的话来说,就叫做"男人扮女人",叫做"以妾妇之道治天下"。

夸毗之性造成了严重的社会危害。首先是造成了政治的昏乱:朝廷中很少有敢说真话的人,也很少有真正负责任的人,官员问责制度徒具虚文,一切都是假大空的官样文章。其次是造成了社会风气的败坏:从朝廷到家庭,父亲教育儿子不要耿介正直以树仇敌,兄长教育弟弟不要方正以招悔尤。在这种教育下成长起来的人,只有畏忌因循之性而没有强毅果断之心。朝廷中谄佞日炽,刚克消亡,到处都是一帮沓茸无能之辈,到处充斥着精明而委琐的小男人。这样一种国民性,在遭遇外敌入侵的时候,又怎么会不亡国?

近代梁启超作《新民说》、邹容作《革命军》,其中很多话都是顾炎武以上观点的复述;鲁迅对"做戏的虚无党"的严正批判,也与顾炎武的以上论说如出一辙。

原文

> 然则丧乱之所从生,岂不阶于夸毗之辈乎?(卷三《夸毗》)

注释

> 丧乱:指死亡祸乱的事,这里指明朝的灭亡。
>
> 阶:缘由、途径。
>
> 夸毗:身体软得像没有骨头,指做人没骨气、没操守。

今译

然而明朝之所以灭亡,不正是由于这些没骨气、没操守的士大夫们所导致的吗?

正人心急于抑洪水

今日之务正人心,急于抑洪水也。

顾炎武认为,专制政治体制造成了社会的普遍性的腐败。腐败现象贯穿于全部专制政治史,尤以历代王朝的中晚期最为盛行。在明代中叶以后商品经济发展的新形势下,由于专制政治的体制性腐败无孔不入的性质,更使腐败从官场向整个社会迅速蔓延。从达官显贵到社会底层的"游闲无食之人",其心术之败坏已经到了令人匪夷所思的地步。

他说黄河决堤本是天大的灾祸,可是上至河道总督,下至普通河工,却年年希望黄河决堤。管理河道的官员们年年指望着从国家的治河经费中侵克金钱,"游闲无食之人"年年指望着从河工上支领工食,导致到处都是"豆腐渣工程",年年治河,却几乎年年有决口。心术之败坏到了如此之地步,简直是无可救药!他又说,政治腐败则以皇城北京为最甚:那里的官员人人知道索取贿赂,人人都在处心积虑地盘算着从国家的财政拨款中捞一把,"自府吏胥徒上而至于公

〇七九

卿大夫,真可谓之同心同德者矣。"所以顾炎武发出了"今日之务正人心,急于抑洪水也"的呐喊。

当然,顾炎武不仅看到了正人心的紧迫性,更看到了政治体制改革的紧迫性。他看到了这种普遍性腐败的根源乃是"国家之法使然",是专制政治体制造成的。要反腐败,就必须从改革政治体制入手。这种深刻的洞见,比起只是谴责那些"斗筲之人"的清官型政治家来,比起那些只知道作道德说教的学者来,毕竟是要高明一万倍的。

原文

今日之务正人心,急于抑洪水也。(卷十二《河渠》)

今译

对于当今社会来说,正人心比抑洪水还要紧迫。

势利

荀悦论曰:"言论者计薄厚而吐辞,选举者度亲疏而举笔,苟苴盈于门庭,聘问交于道路,书记繁于公文,私务众于官事。"世之弊也,古今同之,可为太息者此也。

儒家伦理的基本原则是"亲亲"、"尊尊"、"爱有差等",如果这一原则仅仅局限于家庭关系和私人生活的领域,倒也无可厚非;问题在于这一原则从家庭推广到社会,就造成了人们日益滋长的势利之性。顾炎武敏锐地意识到这一点,因而对人们的势利之性,特别是普遍盛行于社会公共生活中的势利之性做了全面而深刻的揭露和批判。

他认为势利之性在社会公共生活中具有以下表现:

一是庸俗关系学盛行,只认关系,不讲道义。此种情形在汉代就已十分流行,于是就有了荀悦所说的"计薄厚而吐辞"、"度亲疏而举笔"的种种情形。正因为如此,人们为了谋取私利,才不择手段地攀附权贵,使得宗法关系全面渗入官场和学界,形成政治上的朋党、学术上的门户。生员一登科第,马上就生出了太老师、座师、房师、同年、年侄、世兄、门生、门孙等各种名目,形成朋比胶固、牢不可解的关系网,转为谋取私利服务。

二是导致人们为追求富贵而荣辱不分、以耻为荣,乃至无耻到了靠裙带关系取富贵,甚至自宫以进的地步。宦官、后妃,给达官贵人抬轿子的,当家人、当衙役的,统统成了人们巴结的对象。在晚明,士大夫结交阉宦,成为政治生活中的一种奇特而又普遍的现象,以至于在宦官魏忠贤当政时,出现了"公卿上寿,宰执称儿"的怪事;而讨好巴结达官贵人的轿夫、家人,以此作为结交权贵的捷径,更成为官场上普遍流行的风气。

顾炎武感叹说:"世之弊也,古今同之,可为太息者此也。"他认为国人们的势利之性也足以导致亡国。明朝灭亡,"神州陆沉,中原涂炭",从国民性的视角来看,势利之性无疑也是重要因素之一。我们的很多同胞们,尤其是上等人,什么时候才能不势利呢?

原文

荀悦论曰:"言论者计薄厚而吐辞,选举者度亲疏而举笔,苟且盈于门庭,聘问交于道路,书记繁于公文,私务众于官事。"世之弊也,古今同之,可为太息者此也。(卷五《邦朋》)

注释

荀悦(148—209)：东汉末期的政论家，字仲豫，颍川颍阴(今河南许昌)人，著有《申鉴》等书。

选举：指汉代选拔官员时实行的乡举里选制度。

苞苴：以财物行贿或指行贿的财物。

聘问：本义是指代表本国政府访问友邦，这里是指拜访达官贵人。

书记：办理或缮写文书，这里指私人的书信。

今译

荀悦评论说："评议人才时看他与自己交情的厚薄来决定说什么话，推荐人才时考虑他与自己关系的亲疏而举笔，行贿的人充满了门庭，拉关系走后门的人交织于道路，递条子比公文还多，私人请托的事情比公务还要繁忙。"人世间的弊病，从古到今都是一样，这是令人叹息的。

纳女后宫为耻

> 古之士大夫以纳女后宫为耻，今人则以
> 为荣矣。

皇宫中聚集着数以千计、万计的宫女和太监，是中国传统社会的一大弊政。这一弊政之所以能够长期存在而且兴盛，是因为有以当宫女和太监为荣耀的国民性。是什么时候开始形成这种国民性的呢？

顾炎武说，至少在汉朝和魏晋南北朝时期，中国人还不是这样的。那时的人还不像今人这样势利，正直的士大夫绝不想借女人的裙带来扩大自己的权势，更不以女儿给皇帝当小老婆为荣耀。他举汉代的丞相王商、后魏西兖州刺史郑羲为例。王商在朝廷的政争中处于不利地位，就想把女儿送入后宫作内援，并找皇帝的新宠李婕好帮忙，此事被张匡揭穿，王商被免去丞相职务。郑羲是个贪官，虽然女儿当了皇妃，他自己也被提拔到秘书监任职，但还是被人瞧不起。以纳女后宫为荣，也许是从"不重生男重生女"的唐玄宗时期开始

〇八四

的吧。

最早考察中国的马可·波罗也谈到了中国人以纳女后宫为荣的势利心态,他问道:"人民会不会因他们的女儿被君主强行纳入后宫而感到委屈?不,绝不会的。相反的,他们认为这是降临到他们身上的一种恩典和荣誉。"在一般的西方人看来感到委屈的事,一般的中国人却认为是洪福齐天,这使马可·波罗感到不可思议。

顾炎武论纳女后宫为耻的意义在于,如果天下人都以纳女后宫为耻,那么儒家伦理所规定的帝王占有大批妇女的特权也就不可能继续存在;皇帝既不能占有大批妇女,也就无须再用太监,由此就可以废止每年阉割一千多名青年男子为太监的虐政,为图富贵自宫为太监的风气亦可从此消失。这一论述在当时的历史条件下是很有进步意义的。

原文

古之士大夫以纳女后宫为耻,今人则以为荣矣。(卷二十八《纳女》)

今译

古代的士大夫以女儿给皇帝当小老婆为耻辱,今天的人则以此为荣耀。

人情有三反

今日人情有三反,曰弥谦弥伪,弥亲弥泛,弥奢弥吝。

顾炎武认为,道德的精义在于真诚,虚伪则是与道德的本质相违背的。可是在中国,"上自宰辅,下之驿递仓巡,莫不以虚文相酬应",虚文的表象下面往往隐藏着完全相反的内涵:越谦恭就越虚假,越亲热就越疏远,越奢侈就越吝啬。

这不是十分令人惊诧吗?可不幸却是事实。古代儒家的那一套礼仪已经是够复杂的了,而后世儒家又使这一套礼仪更加复杂化,以致流于虚伪。顾炎武看到了虚伪具有"人情所趋,遂成习俗"的普遍性和胶固于人心的牢固性,揭露"降及末世,人心之不同既已大拂于古,而反讳其行事",以此说明末世的风俗比盛世更为虚伪。他甚至说今天的那些用谎言来欺骗民众的人在才能上远比古人下劣:孔子称少正卯"行伪而坚",因为他确有本领给孔夫子造成了"三盈三虚"的难堪局面;而今人则是"行伪而脆",其实都是些平庸

〇八六

无能之辈。这里所说的,正是后来龚自珍所批判的连才盗、才偷也没有的社会状况。

与王阳明批评"世人作伪得惯"、李贽痛斥"假道学"相似,顾炎武亦对虚伪深恶痛绝,他愤激地引证仲长敖《核性赋》中的话来怒斥虚伪:"倮虫三百,人最为劣,爪牙皮毛,不足自卫;唯赖诈伪,迭相嚼啮。"这些话虽然说得重了些,但也道出了专制王朝末世的某些社会真实。

原文

今日人情有三反,曰弥谦弥伪,弥亲弥泛,弥奢弥吝。(卷十三《三反》)

注释

反:相反。

今译

今日人情有三种表里完全相反的现象:越是谦恭就越是虚假,越是表面亲热就越说明只是泛泛之交,越是生活奢侈的人就越是吝啬。

南北学者之病

北方之人,饱食终日,无所用心;南方之人,群居终日,言不及义,好行小慧。

顾炎武说北方学者懋得吃饱了肚子无所用心,而南方学者虽然好发议论,但都是耍小聪明。如今看来,这一说法不免给人略有以偏概全的感觉,但历史记载仍然说"时人谓其评论切中南北学者之病"。

但顾炎武对南北学者的批评还远不止此,他在《日知录》中还讲到了南北学者的其他一些毛病:

一是嗜赌博。赌博之风,虽然在士农工商四民中无不流行,但最盛行于士大夫之中。晚明士大夫不仅不以赌博为耻,反以不善赌博为耻;老官僚不去说他了,就连新科进士也是如此,"今之进士有以不工赌博为耻者矣"。

二是竞奢淫,犹以江南为甚。顾炎武说江南读书人一旦当了官,就先在家里养上"一队妖娆","以教戏唱曲为事,官方民隐置之不讲"。晚明的北方学者甚至嘲讽江南读书人

〇八八

三天没有女人就活不下去,就连号称贤者的人也是如此;又说他们居然把头发胡子染黑了去讨好小妾,以求片刻之欢。

三是佞仙佛。"南方士大夫,晚年多好学佛;北方士大夫,晚年多好学仙。……其与求田问舍之辈行事虽殊,而孳孳为利之心则一而已矣。"这些士大夫相信道教和佛教并非出于超越性的精神追求,而是出于狭隘的利己之心。

顾炎武认为,中国传统社会负面的国民性主要表现在士大夫之中,表现在专制官僚集团和作为它的庞大后备军的"士"阶层之中。他看到明朝之所以灭亡,在很大程度上是由于长期的专制统治所造成的国民劣根性,以及由此所导致的整个社会道德风气的败坏和民族精神的衰落。

原文

北方之人,饱食终日,无所用心;南方之人,群居终日,言不及义,好行小慧。(卷十三《南北学者之病》)

注释

小慧:指小聪明。

今译

北方的学者,饱食终日,无所用心;南方的学者,整日聚在一起发议论,但也没有什么高深的见解,喜欢耍小聪明而已。

甘其食，美其服

今将静百姓之心，而改其行，必在制民之产，使之甘其食，美其服，而后教化可行，风俗可善乎。

宋明理学家讲"存天理，灭人欲"。有人问朱熹：什么是天理、什么是人欲？他说："充饥是天理，要求美味则是人欲。"但在朱熹看来，也不是任何时候充饥都是天理，"因不能咬菜根而犯义犯分"就是人欲。南宋淳熙七年（1180），南康闹饥荒，发生了灾民到地主家抢夺粮米的事，朱熹抓了三个人，判处流放三千里以外的岭海。临发遣前，下令对他们"稍加毒手"。三人遭受毒刑后惨不忍睹，由于这是法外施刑，所以朱熹不得不写信给岭海牢城营的官员，自我辩解说："此辈吾人所共疾，想二公亦不以为过也。"（《与黄商伯》，《朱文公文集·别集》卷六）

还有一个故事。说胡宏等一批湖南学者，千里迢迢去武夷山拜访老朋友朱熹，朱熹请他们吃咸菜萝卜干。胡宏很生气,说你们家再穷,一杯水酒、一只鸡总是有的,就这么对待老朋友吗?然而朱熹也有他的理由,因为他认为充饥是天理,要求美味则是人欲,人欲是要不得的。如今不少名流学者总是为程朱理学的"存天理,灭人欲"辩护,如果朱熹也像招待胡宏等人一样,请当今名流们吃咸菜萝卜干,不知已经习惯于享受西方化豪华生活的当今名流们该作何感想?

可是顾炎武竟公然与朱熹立异,大讲要让老百姓甘其食、美其服了,不仅是充饥,而且要求甘美了。《日知录》卷六《庶民安故财用足》条,竟然还说要"养人之欲,而给人之求",不仅不讲灭人欲,还要"养人之欲",这不是公然鼓吹人欲吗?不仅公然鼓吹人欲,而且还说这是推行道德教化的必要前提,振振有词,这不是对传统的道德伦理至上主义的公然挑战和否定吗?然而,这正是顾炎武与宋明道学家的一个根本区别之所在。

朱熹之所谓"充饥是天理,要求美味则是人欲",实际上是把人降低到了动物的最低限度的生存标准;可是,人与动物之所以不同的一个重要方面,恰恰就在于人是要求美味的;顾炎武主张使老百姓甘其食、美其服,然后再对他们讲道德,这才是一种合乎人性的理论。

原文

今将静百姓之心,而改其行,必在制民之产,使之甘其食,美其服,而后教化可行,风俗可善乎。(卷十二《人聚》)

注释

制民之产:出自《孟子》:"明君制民之产。"意思是要使老百姓有自己的产业。

今译

如今要使百姓的心安静下来,而改变他们的行为,就必须使老百姓有自己的产业,吃得好,穿得好,而后才可以推行教化,形成良好的风俗。

人之有私

> 世之君子必曰:有公而无私。此后世之
> 美言,非先王之至训也。

顾炎武对于儒家伦理学说的一个重大贡献,就在于把著名异端思想家李贽的"人必有私"说引进了儒家伦理学。

在李贽之前,"私"字在中国是一个极其敏感的字眼。程朱理学的"天理人欲之辨"的实质,也就是所谓"公私之辨":天理是公,人欲是私。所谓"存天理,灭人欲",就是要破私立公,狠斗私字一闪念。王阳明把程朱理学的外在的"天理"转化为人的内心的"良知",他所主张的"灭心中贼",就是要人们在破私立公方面来一个灵魂深处爆发革命。

只是到了公然以异端自居的李贽,才公然提出"人必有私"说,将自古以来不承认人性有私、无视合理的私人利益的传统观念一扫而空之。李贽说,不仅老百姓有私,哪个当官的没有私,如果没有俸禄之私,虽召之亦必不肯来;如果没

〇九三

有爵位之私,虽劝之亦必不肯去。"然则为无私之说者,皆画饼之谈,观场之见,但令隔壁好听,不管脚跟虚实。"(《德业儒臣后论》)这一观点在传统的中国,真可谓是石破天惊之论;没有正视现实的勇气,是绝不敢说出这样的大实话的。

顾炎武与李贽有一个共同的特点,就是都敢于正视现实,所以他接受了李贽的"人必有私"说。但与李贽不同的是,李贽是赤膊上阵,顾炎武则要引经据典地给这一说法披上一件"先王之至训"的外衣。

原文

世之君子必曰:有公而无私。此后世之美言,非先王之至训也。(卷三《言私其豵》)

注释

美言:好听的话。

至训:最正确、最宝贵的训诫。

今译

世上的君子总是说:有公而无私。这是后世人说的好听的话,而不是先王最正确、最宝贵的训诫。

不独子其子

> 虽三王之世，不能使天下无孤寡之人，亦不能使天下无再适人之妇。……为此制者，所以寓恤孤之仁，而劝天下之人不独子其子也。

如今的国学大师们说，程朱理学讲"饿死事极小，失节事极大"不是针对妇女的，而是说人即使饿死也不丧失道德气节。这不是事实。《河南程氏遗书》卷二十二记程颐答问，说得很明白："人或居孀贫穷无托者，可再嫁否？曰：只是后世怕寒饿死，故有是说。然饿死事极小，失节事极大！"道学家的观点是，宁可孤儿寡母寒饿而死，也不可让寡妇改嫁，男子也不可娶寡妇为妻。

而顾炎武的观点则与此针锋相对，他说先王是允许寡妇再嫁的，也是允许男子娶寡妇为妇的，这正体现了先王的"恤孤之仁"，同时也是儒家的"不独子其子"的道德理念的实践。而针对孤苦无依的寡妇和孤儿，讲什么"饿死事极小"，这岂是有人性、有人心的人说得出的话！从好生而恶死的人性出发，就必须承认"不能使天下无再适人之妇"的社会现实，也必须肯定允许寡妇再嫁乃是具有仁爱之心的表现。

在道德气节的问题上，顾炎武的观点也明显与动辄责人以死的程朱理学家不同。一方面，他肯定文天祥成仁取义的伟大民族气节，认为他维护了国格和人格，体现了志士仁人临大节而不可夺的坚强道德情操。但另一方面，在可死可不死的情况下，人们就不应该轻生。社会生活是错综复杂的，道德践履当重在保其大节，而不在于"斤斤焉避其小嫌，全其小节"；想当道学家所要求的完人，非但做不到，而结果却很可能是画虎不成反类犬。因此，无论对人对己，都当存一分宽仁之心、忠恕之心，既不可苛求于人，亦不可苛求于己。

原文

虽三王之世，不能使天下无孤寡之人，亦不能使天下无再适人之妇。……为此制者，所以寓恤孤之仁，而劝天下之人不独子其子也。（卷五《继父同居者》）

注释

三王：夏禹、商汤、周文王。

再适：指妇女再嫁。

今译

纵然是夏禹、商汤、周文王的时代,也不能使天下无孤寡之人,不能使天下没有再嫁的女人。……制定允许女人再嫁的制度,是为了体现怜恤孤儿的仁爱之心,而劝天下之人爱别人的孩子也像爱自己的孩子一样。

财足而化行

欲使民兴孝、兴弟,莫急于生财。以好仁之君,用不畜聚敛之臣,则财足而化行。

由于顾炎武特别注重社会实际的考察,因而对社会的弊病有更为深刻的认识,从而能够在理论上对道德与经济发展、道德与政治制度的关系多创特解。

他认为满足民众的物质生活需要既是道德教化的题中应有之义,同时也是推行道德教化的必要前提。要使民众讲道德,首先就要让老百姓富起来,只有“财足”才能“化行”;官员们也不例外,他们也和普通人一样,不是什么特殊材料制成的,只有让他们丰衣足食了,才能懂得廉耻。但是,“急于生财”并不排斥教化,生财且需有道德教化的保障,君必须是有爱民之心的君,臣必须是不用重税去搜括民财的臣,如此才能做到上好仁而下好义;否则,急于生财的功利性追求必将走上“金令司天,钱神卓地,贪婪罔极,骨肉相残”的

〇九八

邪路。

基于对中国国情的认识，他认为中国人之所以轻生者多，就在于太穷，感到活着还不如死去。所以他说："人富而重其生。"(《菰中随笔》)要使人热爱生活、珍惜生命，就必须使人民富裕起来，使人们拥有自己的财产，满足人们对于美好生活的追求。道德教化不应与人们追求美好的物质生活的欲望相对立，而是应该服务于人们对美好生活的追求。

原文

欲使民兴孝、兴弟，莫急于生财。以好仁之君，用不畜聚敛之臣，则财足而化行。(卷六《未有上好仁而下不好义》)

注释

弟：通"悌"，指敬爱兄长。

聚敛：用重税搜括民财。

化：指道德教化。

今译

要使老百姓具有孝悌的美德，再没有比让他们富起来更急迫的了。以仁慈的君主，任用那些不对老百姓横征暴敛的官员，百姓才会富有，而道德教化才能推行。

苟不求利,亦何慕名?

> 吾自幼及老,见人所以求当世之名者,无非为利也;名之所在,则利归之,故求之惟恐不及也。苟不求利,亦何慕名?

儒家以名为教,本来的目的是为了要人们讲究道德,追求美好的名声。然而在实际生活中却变了味、走了样,以名为教变成了实际上的以利为教。

孔子说"君子疾没世而名不称",顾炎武将这句话理解为追求死后的名声;又说:"疾名之不称,则必求其实矣,君子岂有务名之心哉。"认为真正的君子是不求名的。可是许多人却把孔子的话理解为追求当世之名,所以顾炎武又有所谓"古人求没世之名,今人求当世之名"的说法。可是这些人追求当世之名仅仅是追求精神的快乐吗?又不是,他们求名的目的是为了追求物质利益,是为了千钟粟、黄金屋、颜如玉。

当然,按照顾炎武关于"有私为人之常情"的观点,追求

一〇〇

名利也不是什么坏事,问题在于不要以道德的美名作为谋利的手段,如果追求道德的美名只是为了谋利,那么所谓道德也就会成为虚伪的代名词,道德变成了伪善。这样的事情在历史上实在太多了。汉朝的时候孝子可以做官,于是就有人住到父母的墓穴里,一住就是好多年,由此赢得了"孝子"的美名,做了官;但人们终于发现,此人在墓穴里生了好几个孩子,而按照礼教的规定,孝子在为父母守丧期间是不能近女色的。

顾炎武见得实在太多了,所以他说那些孜孜于求当世之名的人,其实都是为了求利;他甚至说,如果不是为了求利的话,又何必求名呢?这是十分深刻的见解。在这一点上,他很像李贽,把道学家们掩盖在漂亮外衣和华美言辞下的真面目撕开了给人看。

为了让官员们做好事,不做坏事,顾炎武甚至主张"以名为治",只要官员没有贪污的劣迹,没有打着道德的旗号干坏事,就在退休时给他们很高的荣誉和相应的经济待遇,满足他们对名利的追求。

原文

　　吾自幼及老,见人所以求当世之名者,无非为利也;名之所在,则利归之,故求之惟恐不及也。苟不求利,亦何慕名?(卷七《君子疾没世而名不称焉》)

注释

苟:如果。

今译

我从幼年到老年,所见到的那些求当世之名的人,都无非是为了求利罢了;只要有了名,也就有了利,所以人们求之唯恐不及。如果不是为了求利的话,又何必求名呢?

国耻

士大夫之无耻,是谓国耻。

《管子》说:"礼义廉耻,国之四维;四维不张,国乃灭亡。"顾炎武对这句话特别赞赏,着力加以发挥。他认为在礼义廉耻四者之中,"耻"是最重要的,世界上的一切坏事,都是从无耻所派生,因此,无耻乃是万恶之渊薮,是一切社会罪恶的总根源;而士大夫是公众人物,是代表着国家形象的一群人,所以说士大夫的无耻乃是国家的耻辱。

要解决社会生活中普遍存在的"无耻"的问题,特别是解决"士大夫之无耻"这一"国耻"问题,顾炎武认为有必要在社会生活中划一条"行己有耻"的道德底线。这条道德底线由若干重要原则所组成。首先是人道主义的原则,这是人类社会最基本的原则,是人之所以为人的最低限度的道德底线,但同时也是至高无上的道德原则,是无以复加的最高的道德境界。在现代社会,这一原则体现为对人权的尊重。其次是爱国主义的原则,即不要做有损国格和

一〇三

人格的事。第三是绝不与腐败的社会风气同流合污的原则。在顾炎武的著作中,"立身不为乡愿之人"几乎就是"行己有耻"的注释或同义语。第四是先义后利的原则。第五是绝不以势利之心待人的原则。对于学者来说,还要加上两条,一是绝不枉道事人、曲学阿世的原则,二是严格遵守学术规范的原则。

顾炎武认为,一个人要想在腐败的社会风气中保持特立独行的节操,就必须具有"耿介"的品格。耿介,就是独立特行,就是具有自己的独立人格。国家的独立之根柢在于个人的独立,要"保邦于未危",必须从提倡个人的独立人格开始。他说商朝之所以灭亡,就是因为大臣们没有自己的独立人格("以箕子之忠,而不敢对纣之失"),任凭君主胡作非为;泱泱大国的楚国之所以会被秦国所灭亡("以六千里而为仇人役"),就在于"兰芷变而不芳,荃蕙化而为茅",大家都与腐败的社会风气同流合污了,造成了群体性的腐败。如此,国安得不亡?!

顾炎武讲的"士大夫之无耻,是谓国耻"这句话,近代以来为很多立志改革的志士仁人所引用、所复述、所阐发,但效果究竟如何,实在很难说。人们的思想观念和行为毕竟是由现实的社会关系所支配的,要彻底洗刷我们的国耻,还是一件任重而道远的事情。

原文

士大夫之无耻,是谓国耻。(卷十三《廉耻》)

今译

士大夫的无耻,这就叫做国耻。

不动心

> "我四十不动心"者,不动其行一不义,杀一不辜,而得天下,有不为之心。

这句话来自孟子,被顾炎武用来阐述自己的人生理念。在顾炎武的学说中,它被看作是人生必须坚守的道德底线的最重要的一条基本原则。可是,在有数千年"相斫史"的中国传统社会,谁能真正做到"行一不义,杀一不辜,而得天下,有不为之心"呢?所以儒家的这条原则,从来就没有实行过。这条原则需要好好进行阐述,可是我们从来也没有好好地阐述过。我觉得近代法国作家雨果的名著《九三年》中讲的一个动人心弦的故事,是对这句话的最好注释。

故事发生在1793年。这年法国旺岱省农民在保王党煽动下发动了反对共和国的叛乱。叛乱首领朗德纳克侯爵在被迫退却时,为了营救被困在他下令纵火焚烧的城堡中的三个儿童,自己落入革命军之手。雨果在描写革命军司令官郭文目睹朗德纳克侯爵从大火焚烧的城堡中救出三个孤儿的行动后心灵所受到的巨大震撼时写道:"一个更高级的绝对正确性出现了。在绝对正确的革命之上,还有一个绝对正确的人道主义。"战胜朗德纳克侯爵的残暴的心的,是大火中的三个婴儿:"我们看见那种古代封建的残暴,年深日久的不能动摇的轻蔑,所谓为着军事必需的经验,那种为着国家利益的理论,所有那些从残暴的老人脑中产生的专横的成见,在这几个没有开始生活的稚子的清明眼光下消失了。"

朗德纳克侯爵要在三个孩子的生命和他自己的生命以及他所决心为之效忠的君主政治之间作出选择;在这个庄严的选择中,他选择了自己的死亡和君主政治的覆灭。革命军司令官郭文被他的人道精神所深深感动:"身为一个保王党,竟拿起一把天秤,一端放上法国国王,放上历时十五个世纪之久的君主政治,另一端放上三个无名的乡下小孩,而且认为这三个天真的乡下小孩比国王、王座、王权和十五个世纪的君主政治更重!"朗德纳克侯爵以自己的行动证明,在人世的一切问题之上,还有人的天生的爱心,还有强者对弱者应尽的保护责任,安全的人对遇难的人应尽的救护责任,一切老人对一切儿童应有的慈爱。

故事的结局是悲剧性的。由于革命军司令官郭文私自将朗德纳克侯爵释放,政委专员西穆尔登执行革命法庭的意志,将郭文处以死刑;但是西穆尔登心中也有矛盾,因为郭文是不该死的,所以在郭文被绞死的同一瞬间,西穆尔登也开

枪自杀了。在雨果的笔下,革命军司令郭文既是革命原则的
肯定者,同时也是至高无上的人道主义原则的肯定者,他力
求将人道原则与革命原则统一起来。所以恩格斯在评论雨
果的《九三年》这部作品时指出,雨果在这部作品中歌颂的
是共和党人。这实际上是对雨果这部作品的根本精神的肯
定,即对以人道主义为至高无上的绝对正确的原则的肯定。
以雨果讲的这一故事来诠释顾炎武的人道原则,读者们以为
如何?

原文

"我四十不动心"者,不动其行一不义,杀一不辜,而得天下,有
不为之心。(卷七《不动心》)

注释

不辜:无辜。

今译

"我四十不动心",不动心是指:行一不义之事,杀一无辜之人,
即使可以取得天下,亦不肯为之。

似是而非

老氏之学所以异乎孔子者,和其光,同其尘,此所谓似是而非也。

顾炎武认为是否与腐败的社会风气同流合污,是老子之学与孔子之学的根本区别。他说老子主张和光同尘、与世浮沉,是典型的乡愿哲学。这种乡愿哲学与孔子之学的区别,在楚辞《卜居》、《渔父》两篇中得到了淋漓尽致的表述。

在《卜居》中,屈原去问太卜郑詹尹:"我是宁愿直言不讳来使自身危殆呢,还是跟从习俗和富贵者来偷生呢? 是超然脱俗来保全纯真呢,还是阿谀逢迎、诌言献媚来巴结妇人呢? 是廉洁正直来使自己清白呢,还是圆滑求全、如脂如苇呢? 是昂然如千里马,还是如鸭子随波逐流、偷生全躯呢? ……是与天鹅比翼齐飞呢,还是跟鸡鸭一起争食呢?"顾炎武认为,前者是孔子的人生态度,后者是老子的人生态度。

在《渔父》中,屈原说:"举世皆浊我独清,众人皆醉我独醒,是以见放。"渔父便劝他说:"圣人不凝滞于物,而能与世推移,世人皆浊,您何不让那泥水更浑浊而为之推波助澜?众人皆醉,您为什么不也跟着吃那酒糟喝那酒汁?为什么偏要忧国忧民与众不同,使自己遭到被放逐的下场呢?"渔父又唱道:"沧浪之水清兮,可以濯吾缨;沧浪之水浊兮,可以濯吾足。"顾炎武认为,屈原的"举世皆浊我独清,众人皆醉我独醒"是孔子的人生态度,而渔父讲的所谓"圣人不凝滞于物,而能与世推移"云云,乃是"似是而非"之论,本质上是一种精巧的乡愿哲学。屈原明知道照渔父说的去做就不仅可以免于被流放的命运,而且可以得到富贵,但他知道这样做是不道德的,所以绝不肯听从。

遗憾的是渔父的这种"似是而非"的人生哲学竟然被后来的儒家学者所吸取,扬雄的所谓"生斯世也,为斯世也,善斯可矣"的说法,就是渔父之所谓"圣人不凝滞于物,而能与世推移"的另一种表述,这就是扬雄之所以会成为王莽的大夫的原因,也是后世士大夫贪污腐败之风盛行的原因,特别是晚明很多士大夫投降清廷而成为汉奸的原因。

原文

老氏之学所以异乎孔子者,和其光,同其尘,此所谓似是而非也。(卷十三《乡原》)

注释

老氏:老子,春秋时期的思想家,著有《道德经》五千言。

和其光,同其尘:指不露锋芒、与世无争的处世态度。

今译

老子的学说之所以与孔子不同,就在于他主张和光同尘,这是一种似是而非的学说。

戎狄之道

> 诗人美鸤鸠均爱七子,岂有于父母则望之以均平,于兄弟则教之以疏外,以此为质,是所谓直情而径行,戎狄之道也。

反对等差观念、提倡平等待人,是顾炎武伦理道德学说中最富于近代性的因素之一。针对传统的中国社会所盛行势利观念、浇薄之风,顾炎武鲜明地提出了绝不以势利之心待人的原则,作为其主张的"行己有耻"的道德底线的一个重要内容。

顾炎武敏锐地意识到,儒家道德伦理的一大弊病在于待人接物总是以关系之亲疏、人情之厚薄为转移,而根源在于序尊卑、明贵贱的等级制度过于森严,乃至于连同父异母的兄弟也要分出个尊卑贵贱来,以嫡出为尊贵,以庶出为卑贱,并要求以"等差之爱"的态度来区别亲疏。对此,顾炎武批评说:"夫一父之子,而以同母不同母为亲疏,此时人至陋之见。春秋以下,骨肉衰薄,祸乱萌生,鲜不由此。"他深刻揭露了传统儒家的"等差之爱"观念的危害性,驳斥了为等差观念辩护的所谓"《春秋》变周之文,从殷之质"的观点,明确认为"等差之爱"的观念是"戎狄之道",不是文化先进的汉民族应该有的道德观念,这是对传统儒家伦理的一个重大突破,表现了明清之际社会关系变动所引发的道德观念变化的新特色。

顾炎武的这一观点还反映在《日知录》以外的其他著作中。在《答王山史书》中,他批评了以妾为贱、以庶母为贱的传统观念,明确提出"君子以广大之心而裁物制事"、不应在家庭中强分贵贱的观点。

原文

诗人美鸤鸠均爱七子,岂有于父母则望之以均平,于兄弟则教之以疏外,以此为质,是所谓直情而径行,戎狄之道也。(卷四《母弟称弟》)

注释

鸤鸠:布谷鸟。

直情而径行:素朴的不加掩饰的情感和直截了当的行为。

今译

在《诗经》中,诗人赞美布谷鸟对它的七个孩子都是同样的关爱,哪里有既希望父母平均地对待每一个子女,又教嫡出的兄弟要疏远同父异母的庶出兄弟的道理？以此为质朴，说这是所谓的"直情而径行"，乃是不开化的蛮夷之道。

自小与自大

> 人之为学，不可自小，亦不可自大。……自小，小也；自大，亦小也。今之学者，非自小则自大，吾见其同为小人之归而已。

　　学者最可贵的品格是大气。这大气，不仅是指学问大，更是指胸怀的宽广和富于智慧洞观的眼光。然而，在实际生活中，人们所见到的大气的学者实在太少了，更多的乃是那些不是自小就是自大的人。对于这两种类型的学者，顾炎武提出了颇为严厉的批评。

　　他说从普通老百姓到皇帝，所有的人都是"取于人者"，所以任何人都不应该自大。从社会中的人的相互依赖关系来看，这句话是对的；但从谁养活了谁的观点看，这句话又不够准确，应该说，所有的读书人、官僚乃至帝王，全都是从事"耕稼陶渔"的普通老百姓养活的，都是取于普通老百姓的，所以没有任何人可以有自大的理由，真正值得尊敬的是那些普通的劳动者。

从读书人所应承担的社会责任感来看,读书人担负着"以斯道觉斯民"的责任,应该把天下民众所遭受的痛苦看作是"若己推而纳之沟中",自己是应该有那么一份罪恶感和负疚之心的,所以就不应该"自小",不应该只是把自己看作是专制统治者的奴才和仆从,更不应该助纣为虐、为虎作伥,而应特立独行,努力承担起"拯斯民于涂炭"的社会责任。

顾炎武对于"自大"与"自小"的关系的这一辩证分析,闪烁着近代平等观念的思想光辉。当然,关于自大与自小,还可以从学问的气象方面来看,自大的人自以为真理在握,容不得不同的意见;自小的人缺乏远大的学术眼光,盲目崇拜古人和洋人,同样缺乏海纳百川的胸怀,所以这两种人的归宿不是道德意义上的小人,就是学术意义上的小家子气的人。

原文

人之为学,不可自小,亦不可自大。……自小,小也;自大,亦小也。今之学者,非自小则自大,吾见其同为小人之归而已。(卷七《自视欿然》)

注释

自小:小看自己,自我设限。

小人之归:小人的归宿。

今译

做学问的人,既不可以自小,也不可以自大。自小,固然是小气、小器,自大,也同样是小。如今的学者,不是自大就是自小,我看他们的归宿都是属于小人一流。

巧言

呜呼,何代无文人,有国者不可不深为华实之辨也。

顾炎武特别厌恶读书人曲学阿世的卑劣行径,不仅对读书人"望尘而拜贵人,希旨以投时好"的奴才性格作了深刻的批评,还对读书人曲学阿世的严重社会危害作了淋漓尽致的揭露和鞭挞。

顾炎武又说,历史上那些误国害民的巨奸大恶之所以能够逞其毒焰,肆虐天下,就在于有一批无耻文人为之摇笔鼓舌、助纣为虐。如汉朝的大奸臣梁冀文化水平很低,但却有著名经学家马融为他起草诬陷忠良的奏章;唐朝的大奸臣李林甫不学无术,但却有郭慎微、苑咸之流的阘茸文人为他写文章;明朝天启年间,不识字的太监魏忠贤和给皇帝当奶妈的客氏之所以能够专权,俨然口含天宪,残酷镇压持不同政见的健康的政治力量,也是因为有一帮无耻文人在那里为他们出谋划策、起草文书的缘故。在某种程度上可以说,明朝之所以灭亡,汉族人民之所以成为亡国奴,就是坏在这批无耻士大夫手里。

他说读书人曲学阿世,除了迎合权势者的愿望以外,还有一个手段,就是标榜"创新","倡为迂怪之谈,以耸动天下之听"。古代齐国人尤其工于此道,以"夸诈"著称。秦始皇之所以要去游劳山,就是受了齐国方士们的蛊惑,到那里去寻找长生不老药,结果给当地人民带来了极大的痛苦。汉武帝一生,受尽了齐国方士们的欺骗,方士们的骗术层出不穷,此亦一"创新",彼亦一"创新",汉武帝也不知为此耗费了多少民脂民膏。其实天下哪里有那么多的创新,然而古人又不懂得衡量创新的科学标准,这就为那些为求"名高"而迎合愚蠢的统治者之私欲的读书人提供了曲学阿世的条件。

顾炎武认为,对文人要"深为华实之辨",那些华而不实的巧言佞色之徒,往往都是一些为求富贵而不顾廉耻的人。他要那些曲学阿世的读书人看一看他们的行为给民族造成的灾难,痛自反省,以"行己有耻"自律,给自己和后人积一点阴德。

原文

呜呼,何代无文人,有国者不可不深为华实之辨也。(卷十九《巧言》)

注释

有国者:指帝王。

华实之辨：文辞与行为、文采与事实、理论与实际的分辨。

今译

呜呼，哪一个朝代没有文人，皇帝对于文人不可不从华实之辨方面作深入考察。

钝贼

> 今代之人但有薄行而无隽才,不能通作者之意,其盗窃所成之书,必不如元本,名为钝贼何辞!

　　顾炎武十分重视中国社会的学术道德建设,把反对抄袭剽窃行为看作是廓清学界的歪风邪气、改善和净化社会风气的一个重要方面。

　　他最痛恨剽窃他人之书为己作的做法,举郭象剽窃向秀的《庄子注》为例。据《世说新语》记载,当时注释《庄子》的有数十家,但没有能把握其精髓的,唯向秀能"妙析奇致,大畅玄风",但还没有来得及注《秋水》、《至乐》二篇就去世了。郭象窃向秀之书为己注,加上自注的《秋水》、《至乐》二篇,又把《马蹄》一篇换成自注的,其余各篇,只是点定文句而已。顾炎武说,从《世说新语》的记载来看,郭象虽然"为人薄行",但却"有隽才",能通向秀之意,所以其补注的《秋水》《至乐》两篇与向秀的原意一致,而今日之窃书贼连郭象也不如,只是一帮笨贼而已。

顾炎武告诉我们,在中国历史上,越是有学问、有见识、有成就的人,就越尊重他人的劳动成果,越不忌讳引证前人和时贤的见解。他特别赞赏程颢《易传》对于闻之于同时代学者的见解也要在书中予以注明的做法,认为这种诚实而谦虚的态度,乃是有志"进于学"的人所应该具有的基本道德素质,也是学者想在学术上取得成就必须具备的道德前提。

他要求学者们要做到"博学于文,行己有耻"八个字。博学于文是学问上的要求,行己有耻是对学者人格的要求;但二者有密切的内在联系:博学于文要求行己有耻,一个热衷于功名利禄之追求,因而不可能做到"行己有耻"的人,是根本不可能在学术研究上作出实实在在的贡献的;只有能够耐得住寂寞,能够以坚强的意志抵御住各种外在的诱惑,把世俗所歆慕追求的一切看得无足轻重,方能做到行己有耻,亦方能做到博学于文。这正体现着他所提倡的朴学学风与人格塑造的内在一致性。

原文

今代之人但有薄行而无隽才,不能通作者之意,其盗窃所成之书,必不如元本,名为钝贼何辞!(卷十八《窃书》)

注释

薄行:凉薄的行为,或不道德的行为。

隽才：才智出众的人。

元本：原本。

今译

 如今的人但有不道德的行为而没有出众的才智，不能理解原书作者的意思，其盗窃所成之书，必不如原本，称之为"钝贼"，还有什么好说的！

东汉风俗之美

> 三代以下风俗之美，无尚于东京者。

在中国历史上，东汉清议派士大夫与黑暗的政治势力作斗争的英雄气概向来是志士仁人们效法的道德楷模，范晔在《后汉书》中对这种英雄气概作了热情的讴歌和赞颂，可是这种英雄气概却遭到了宋明道学家们的非议。程颐说："东汉士人尚名节，只为不明理。若使明理，却皆是大贤也。"朱熹甚至破口大骂范晔"只主张做贼底"。

与道学家们不同，顾炎武从年轻时起就特别仰慕东汉清议派读书人的人格。特别推崇东汉清议派读书人与黑暗势力作斗争的不屈不挠的英雄气概。他认为清议派士大夫所代表的东汉士风是中国历史上士风最好的时期之一，并且表示完全同意范晔在《后汉书》中所表述赞扬东汉清议派知识分子的观点。他说东汉清议派士大夫的豪杰精神，就表现在他们面对以宦官集团为代表的残暴的黑暗势力，不仅有良知，而且具有不畏强暴、敢于表达自己的道德良知的勇气，即

一二四

使为坚持真理而献身也在所不惜,这是何等伟大的人格!而这种精神,正是中国读书人最可贵的品质。

为了提倡豪杰精神,顾炎武还盛赞北宋抗辽派的高风亮节和北宋末年金人南侵后志士仁人纷起反抗、临难不屈的大无畏精神,盛赞南宋末年在反抗蒙古人征服的民族保卫战争中英勇献身的豪杰之士。他认为海瑞等人的不畏权势的道德勇气,就是来自其令权者也要为之震慑的人格力量。嘉靖皇帝可以因为遭到他的愤怒谴责而把他关进监狱,但却不敢杀他,因为他是著名的清官,不能不有所畏忌;满朝的士大夫可以因为被他骂为"妇人"而恼恨、而起哄,但也对他无可奈何。只有这样的人,才是我们民族的脊梁。

原文

三代以下风俗之美,无尚于东京者。(卷十三《两汉风俗》)

注释

东京:东汉都城洛阳,这里指东汉。

今译

三代以下风俗之美,没超过东汉时期的。

救民以言

> 救民以事，此达而在上位者之责也。救民以言，此亦穷而在下位者之责也。

为了扭转中国社会颓败的士林风气，顾炎武试图以豪杰精神来改造儒学，对儒学的一些关于读书人立身处世的传统观念作了重要的修正。儒学的一个传统观念是："达则兼济天下，穷则独善其身。"这是儒家亚圣孟子的名言，长期被读书人奉为处世立身的圭臬。而顾炎武却不同意这种人生态度，他认为，显达，固然要兼济天下；穷困，也不应消极地独善其身。

他认为，读书人的社会责任感是不能以个人的穷困与显达为转移的，纵然再穷愁潦倒，也不应放弃自己的社会责任，仍然可以通过仗义执言来为民请命，救民于水火之中。孔子说："不在其位，不谋其政。"孟子说："位卑而言高，罪也。"难道顾炎武不知道孔孟的这些观点吗？当然不是。他强调"救民以言"乃"穷而在下位者之责"，正是要推倒传统儒家

一二六

明哲保身的乡愿哲学,从而真正确立读书人的社会使命感和责任感。

说到这里,我想起了一个故事,是关于明朝泰州学派创始人王艮的。此人是灶丁出身,十一岁就随父兄烧盐,后来才读了几本书。二十九岁开始讲学,毅然以先觉为己任。所到之处,坐着招摇车,戴着纸糊的"五常冠",穿着所谓三代形制的衣服,手里拿着笏板,车上还挂着讲学的广告,以吸引大众注意力。十年后,他还是穿着这身奇装异服去见王阳明。王阳明见他招摇,问他懂不懂"君子思不出其位"的道理,他说遇上尧舜之君才思不出其位。王阳明听了大受震动,觉得此人是条汉子,就把他留在门下。泰州学派后来成了晚明的一个影响很大的学派,对于晚明社会的思想解放发挥了很大的作用。

当然,穷而在下位者要以言论来救民,也是需要一定的社会条件的,晚明社会是比较开放的。梁启超曾经说过,一般来说,在西方,是政治跟着学术走;在中国传统社会,是学术跟着政治走。如果学术不跟着政治走,就会被统治者视为异端。在这种社会条件下,大多数穷而在下位的读书人就永远只能独善其身。只有在现代社会,在言论自由受到宪法和法律保障的社会条件下,读书人的社会使命感和责任感才能真正确立。

原文

救民以事,此达而在上位者之责也。救民以言,此亦穷而在下位者之责也。(卷十九《直言》)

注释

达:显达。

穷:穷困。

今译

以做实事来救民,这是显达而在上位的人的责任。以言论来救民,这也是穷困而处于下位的人的责任。

天下兴亡,匹夫有责

> 保国者,其君其臣,肉食者谋之;保天下者,匹夫之贱与有责焉耳矣。

　　理解顾炎武这一论述的关键,首先是如何理解"亡国"与"亡天下"的含义。从表面上看,顾炎武认为"亡国"与"亡天下"是两回事,其实不然,他还有一句十分重要的话,即:"知保天下,然后知保其国。"这句话在他关于"天下兴亡,匹夫有责"的论述中具有关键意义,因为它深刻阐明了"保天下"与"保国"的关系:保国其实并非与平常人无关,而平常人只有意识到"保天下"的重要性,才能更为自觉地投身保国的民族保卫战争中去。谋划如何保国固然主要是"肉食者"的责任,但知道了保天下的重要性,然后自觉投身保国的民族保卫战争,则是每一个普通民众都应承担的历史责任。

　　顾炎武说:"仁义充塞,而至于率兽食人,人将相食,谓之亡天下。"其中有两层含义:

一二九

一是指清军的灭绝人性的暴行。清军对汉民族的征服，是通过大规模的血腥屠杀来实现的。"扬州十日"，被屠杀的汉族人民多达八十万人；"嘉定三屠"，以及江阴、昆山、广州、南昌、大同等地的屠城，被屠杀的汉族人民少说也有几百万。康熙皇帝镇压南方人民的反抗，长江以南各省的男子被大批屠杀，南方的美女又再次被大量掳掠去北方，还有大批妇女被清军当作猪和羊一样地贩卖，扬州和南京的街市竟成了清军把南方各省的妇女当作"羊豕"一般贩卖的人肉市场（张远《无闷堂集》卷七《徐烈妇小传》）。这正是顾炎武所说的"率兽食人"。

二是指大批士大夫丧尽天良，投靠清廷，帮助清军屠杀人民。清人的八旗军队，不过区区十万人，且语言不通，地理不熟，如何能够征服明朝？这就全靠充当汉奸的明朝士大夫为之出谋划策，充当汉奸的乡土流氓、棍痞、恶僧、妖道之流为之带路，投降清廷的汉族军队协助八旗军队到处攻城略地。汉奸的数量之多，在中国历史上是前所未有的；他们帮助清八旗兵丁屠杀自己的父老乡亲，掳掠大批的同胞姐妹送去给清廷贵族、八旗兵丁淫虐，其灭绝人性的程度，在中国历史上更是空前绝后。这些充当汉奸的民族败类，正是顾炎武所说的"入于禽兽者"、"率兽食人"者。世道人心坏到了如此的程度，岂非"亡天下"？

"国"与"天下"是互相依存的。国尚不存，天下安在？

顾炎武之所以要把爱国与忠君联系起来,是因为明王朝毕竟是当时中国唯一具有传统的和历史的合法性的中央政府,在民族矛盾上升为主要矛盾的情况下,忠于本民族的政府,在当时的历史条件下就是忠君,这无疑是爱国的表现,具有历史的和道德的合理性。在当时的历史条件下,只有汉民族的败类才"无父无君",投靠清廷,为虎作伥。明朝虽然灭亡了,但顾炎武坚信,只要"天下"不亡,即爱国之心不亡,民族气节不亡,民族的复兴就有希望。所谓"天下兴亡,匹夫有责",正是寄希望于广大民众的民族意识的觉醒。

原文

保国者,其君其臣,肉食者谋之;保天下者,匹夫之贱与有责焉耳矣。(卷十三《正始》)

注释

肉食者:指国君及其臣僚,语出《战国策·曹刿论战》:"肉食者鄙。"

匹夫:一个人,泛指平常人。

今译

保卫国家,是君和臣这些吃肉的人谋划的事情;保卫天下,即使是处于低贱地位的一介匹夫也是有责任的。

周武王用蛮夷攻中国

自古用蛮夷攻中国者,始自周武王。

与黄宗羲、王夫之一样,顾炎武的政治思想,亦肇因于对明王朝覆灭之教训的总结。清军事贵族之所以能够入主中原,直接的原因是由于明朝的山海关总兵吴三桂引清军入关来镇压农民起义,由此便造成了"三桂借东夷而东夷遂吞我中华"的历史悲剧。这一历史事实引起了顾炎武的深思。纵观三千年中国政治史,他发现,这种"宁赠友邦,勿与家奴"的反动政治哲学是由来已久的,几乎成了三千年中国君主专制主义政治史的一大通病。

顾炎武认为,借蛮夷的军队来争夺天下的传统是从儒家推崇的圣王周武王开始的。周武王姬发为了夺取商朝的天下,就借助了大量的外族军队,其牧野之师有庸、蜀、羌、矛、微、卢、彭、濮,这些民族,当时被称为蛮夷之邦,并不属于华夏。周武王是正统儒家推崇的三代圣王之一,是不容批评的大圣人,顾炎武敢于揭露他"用蛮夷攻中国",这样的胆识除了直斥周文王立制"恃一人之耳目以弱天下"的王夫之、大声疾呼"为天下之大害者,君而已矣"的黄宗羲以外,在当时几乎是无人能够比拟的。

他进而指出,自从周武王开了恶劣的先例以后,后世踵相效法。先是周平王宜臼勾结犬戎杀了自己的父亲周幽王和兄弟太子伯盘,接着又有晋襄公、赵武灵王借助夷狄的力量以攻秦,后来又有刘邦和项羽分别借助于夷狄的力量来争夺天下;三千年来夷狄之祸之所以"不绝于中国",多次造成中夏亡国之祸,根源就在于历代那些想当帝王的人,为了实现其"惟辟作威,惟辟作福,惟辟玉食"的一己之私欲,不惜丧心病狂地借助外族的军队来屠杀华夏民族的人民。

顾炎武还独具只眼地看出,自宋朝以来,夷狄的入侵之所以如入无人之境,就在于专制统治者出于家天下的自私考虑,把防止民众的反抗看得比防止夷狄入侵更为重要。宋太祖赵匡胤为了使反抗的民众不能凭借坚固的城池来与官军作战,遂尽撤各地的城防,使各城市不再有"城郭沟池以为固"的防守优势。这样,当民众起来造反时,即使占据了某座城池也不可能守住。于是,造反的民众就只能退居山中以自保了。这一策略对于防备境内民众的反抗确实是有一定效果的,但却为境外夷狄的入侵而大开方便之门。由于各地城防的废弃,遂导致"风尘乍起,而天下无完邑"的悲惨结局。北宋和南宋的情形是如此,明朝末年的情形也是如此。

一三三

顾炎武对于这一反动政治哲学的批判,不仅明清之际的其他哲人没有讲过,就是后人也很少有认识到这一点的,真可谓是独步今古。中国近代的专制统治者,从曾国藩借助美国人华尔的洋枪队来镇压太平天国,到慈禧太后的"量中华之物力,结与国之欢心",依然奉行的是"宁赠友邦,勿与家奴"的反动政治哲学。

读顾炎武的以上论述,确能使人"开拓万古之心胸"。他使我们认识到,专制统治者把家天下的一己之私利置于民族利益之上,是造成外敌入侵、丧权辱国的根本原因,是阻碍中国社会发展的根本因素。

原文

自古用蛮夷攻中国者,始自周武王。(卷二十九《楼烦》)

注释

蛮夷:指历史上华夏族统治区域之外的民族。

今译

自古以来,借助于蛮夷的军队来进攻中国、夺取天下的,开始于周武王。

无官不贪

> 以今观之，则无官不赂遗，而人人皆吏士之为矣；无守不盗窃，而人人皆童竖之为矣。

顾炎武描绘了一幅中国传统社会官场腐败、"无官不赂遗"、"无守不盗窃"、"君臣上下怀利以相接"的群丑图。他先是把腐败的根源归结为"唯赖诈伪，迭相嚼啮"的恶劣的人性，进而又将腐败的根源归结于"千钟粟、黄金屋"的传统教育，但在进一步的探索中，他终于接触到了对腐败的制度性根源的揭示。

政治腐败是中国传统的皇权官僚专制社会的不治之症。历史上的统治者也不是没有采取过惩治和防止腐败的措施，但无论是武则天、朱元璋的严刑峻法，还是宋朝的高薪养廉，都无济于事。朱元璋对贪污八十吊钱以上的官员施以剥皮的酷刑，并将人皮中塞进稻草挂在衙门的公堂上来警告继任的官员；武则天任用酷吏来惩治腐败，那酷刑如同佛教所说的十八层地狱;他们的惩治腐败的决心实在是不可谓不大,但这些措施也只能收效于一时。宋朝对官员实行高薪养廉的制度,即使像范仲淹那样的清官,也能在苏州买千亩良田来赡养族人,可是宋朝的贪官污吏还不是照贪不误? 历史上也不是没有人试图通过对人们实行道德教育的手段来解决腐败问题,但无论是程朱理学的"存理灭欲",还是阳明心学的"灭心中贼",也全都解决不了问题。程朱理学教人"存天理,灭人欲",破私立公,狠斗私字一闪念;阳明心学教人"致心中之良知",去除私欲,来一个灵魂深处爆发革命;可是贪官污吏们又有哪一个不会唱这些道德的高调? 根本原因又在哪里呢?

顾炎武告诉我们,腐败难以根治的根本原因,就在于专制政治下的腐败是一种制度性的腐败;不改革专制主义的政治体制,任何明君圣主的作为,任何圣贤的道德说教,都对惩治腐败无能为力。

原文

以今观之,则无官不赂遗,而人人皆吏士之为矣;无守不盗窃,而人人皆童竖之为矣。(卷十三《名教》)

注释

赂遗:赂,赠送财物,贿赂;遗(wèi),赠与,送给。

吏士:没有品级的小公务人员。

童竖:未成年的小仆人。

今译

从今天的情况来看,可以说没有不接受贿赂和馈赠的官员,而人人都像那些没有品级的小公务人员一样贪婪;没有不盗窃的守令,人人都像那些未成年的小仆人一样喜欢偷鸡摸狗。

官员挨打史

官之辱,法之屈也,此事关系世道。

明朝对官员的惩罚,是在朝廷上公开打人。明太祖时,有一个官员想告老还乡,朱元璋大怒,立即唤出几个大兵来,三拳两脚就把这个官员打死了。又实行廷杖制度,官员要是在朝廷上触犯了皇帝的旨意,就会被当场按倒在地打板子。在专制时代,皇帝既把官员不当人,大官们也把小官不当人,官员们更把老百姓不当人,所以"板子夹棍的法庭"也就成为被胡适之嘲讽的"中国特有的宝贝"之一。廷杖制度正是专制政治把人不当人的一个重要表现,但这种制度并不是明朝的发明,而是古已有之。

顾炎武考察了这一制度在中国历史上的起源和发展。他说在朝廷上打人,始于汉明帝,后来就有了大官对下级官员实行杖责的制度。这一制度在魏晋南北朝时期尤为盛行,身为州刺史的省部级官员而被杖责的也不乏其人,甚至有知道要遭杖责而预先就把裤子脱了等着挨打者。在专制制度的摧残下，士大夫已经完全没有人格和廉耻可言了。在北朝，官员因为一点小小的过失在朝廷上被当众责打是常有的事，被当众打死的事也屡见于历史记载。到了隋朝，隋文帝又正式下诏，大官可以对下属官员法外用刑。唐朝总算比南北朝和隋朝要好一些。顾炎武根据杜甫《送高三十五诗》中有"脱身簿尉中，始与捶楚辞"的诗句证明，唐时自簿尉以上即不加捶楚，且下级官员被上司打了以后，可以申诉。但自安史之乱以后，用乱棍把人打死的事情就不限于簿尉（大约相当于县处级）级别的官员了，州刺史（省部级）的官员也多有被上司当众用乱棍打死的，如张镐杖杀豪州刺史间丘晓，严武杖杀梓州刺史章彝等等。有的大官，如观察使刘晏，皇帝甚至明确赋予他对州刺史和州刺史以下的官员以"杖而后奏"的权力。宋理宗淳祐二年曾经下过一道"今后州县官有罪，帅司毋辄加杖责"的诏令，但此时南宋王朝已经快要灭亡了，可见州县官挨打在宋朝也是家常便饭。

至于明朝，顾炎武认为其廷杖制度又比前代严厉多了，除了对朝廷中的官员实行廷杖以外，对待新科进士也一样施以杖刑。以这种方式来对待那些有点傲气的新科进士，让他们当众被剥下裤子打屁股，从而使他们的人格尊严彻底丧失，这是一种多么残酷的制度啊！顾炎武还以他亲身经历的晚明历史讲述了"近日上官苦役苛责甚于奴仆"的事实。他认为，这种普遍实行的侮辱人格的制度理应予以废除。

一三九

顺便说一下,以上的事实只说到明朝为止,清朝的官员还挨不挨打呢?据笔者所知,清朝的官员也还是要挨打的。例如康熙二十七年(1688)春,康熙皇帝怀疑当时担任翰林院掌院学士的李光地与侍读学士德格勒有"朋党"之嫌,就把德格勒召来,当众叫人按倒在地剥下裤子打屁股,德格勒一跃而起,说:"士可杀不可辱。"康熙皇帝立刻觉得人格低了三分,恼羞成怒,下令狠狠打,皮肉打烂了不要紧,只要留下活口取口供。德格勒虽遭酷刑仍拒不回答,宁可一死,康熙没有办法,只得下令将他流放塞外。审问李光地时,恰好出现日食,才免于治罪,改为"严旨申斥"。

原文

官之辱,法之屈也,此事关系世道。(卷二十八《职官受杖》)

注释

世道:指社会状况。

今译

官员的耻辱,是由于法制屈从于皇帝的淫威,这件事关系到整个社会的状况。

要奴才,还是人才?

> 法令日繁,治具日密,禁防束缚至不可动,而人之智虑自不能出于绳约之内,故人才亦以不振。

顾炎武并不否认以法制来约束官员的必要性,但他认为,专制主义的法令、制度都是帝王为维护家天下的一己之私利而制定的,这种专制法制严密到了使人动弹不得、乃至于一切思想和言论都"不能出于绳约之内"的地步,这就必然造成使"豪杰之士无以自奋而同归于庸懦"的结果。大家都是一样的平庸,一样的懦弱,一样的没出息,这正是专制帝王所希望的;也只有如此,专制帝王才可以高枕无忧。一句话,专制统治者为了维护其绝对权威,需要的是奴才,而不是人才。

纵观两千多年的专制政治史,顾炎武发现,专制政治对人的禁防束缚,呈现出越来越严密的趋势。如果让枚乘和司马相如学习明朝颁布的经义,必然写不出像《七发》和《上林

一四一

赋》那样的好文章;如果让管仲、孙武读明朝颁布的科条,绝不能施展其治国用兵的谋略。正是由于专制统治者对人才的禁防束缚日益严密,所以才导致了后世人才不振。不仅使人不可动,动辄得咎;甚至连想也不能想,思想言论亦有罪。既不能动,又不可想,也就根本谈不上聪明才智的发挥和才能的增长。如果说专制法制在防止奸宄方面只能收十分之三的效果的话,那么,它在使豪杰之士变成庸人方面却能够收到十分之七的效果。所以,他愤怒地谴责专制主义的法制乃是"败坏人才之具"。

在顾炎武看来,要造就人才,就需要有一个有利于人发展其个性的社会环境,因而也就必须废除那些摧残人的才智发挥的法令和治具。当然,顾炎武又并不是说不要任何社会规范,而是说除了一般的伦理道德和法律约束以外,不需要更多的禁防束缚。

原文

　　法令日繁,治具日密,禁防束缚至不可动,而人之智虑自不能出于绳约之内,故人才亦以不振。(卷九《人材》)

注释

治具:治理国家的制度。

绳约:约束和制裁人的制度。

今译

　　法令日益繁多,制度日益严密,禁防束缚到了不可动弹的地步,而人的智慧思虑自不能出于法令制度的约束之内,所以人才也就不能振作起来。

庸医

> 古之时，庸医杀人；今之时，庸医不杀人，亦不活人，使其人在不死不活之间，其病愈深而卒至于死。

顾炎武对"庸医"的论述简直生动形象极了！

你看那庸医的处世之道是何等精明：你说他有过吗？他没有任何过错，因为他没有把人治死；你说他无功吗？他还可以振振有词地来反驳你，说他对病情的诊断如何全面而仔细，处理病情如何稳健和审慎，用药如何均衡并避免出现任何副作用。等到病人死了，人们自然也都会认为这不是他的责任。何况传统的束身寡过主义统治下的整个社会氛围都是但以无过为贤呢？

像庸医这样的人虽然无用、无能，但这种人在中国又是最适宜生存、而又最容易获得道德的美名的。所谓"庸医不杀人，亦不活人，使其人在不死不活之间，其病愈深而卒至于死"，正是对传统的束身寡过主义的教化所造成的"道德完人"的绝妙写照。

而顾炎武所推崇的"古之上医"则不然,这种人虽不能保证没有过失,但他们真正懂得医道,善于抓主要矛盾,勇于决断,用药专而收效速;而古人衡量医术高低的标准,也并不求全责备,允许其有失误,乃至"十失三四古人犹用之",不像后世论人,一有过失,就将其人全盘否定,于是便只能造就大量的但以无过为贤的庸人。

顾炎武认为,治理国家也是如此,要医治国家的弊病,绝不能用那些但以无过为贤的庸人,而应重用那些虽然不能无过失,但却确有真才实学、果敢刚毅、勇于负责的"医国手"。

顾炎武关于庸医的论述,不禁使人想起李贽所说的"君子尤能误国"(《焚书·党籍碑》)这句名言。李贽所批评的道学"君子",也正是顾炎武所说的"今之庸医"。顾炎武不像李贽说话那么激烈,但内在的精神却是一致的。

原文

古之时,庸医杀人;今之时,庸医不杀人,亦不活人,使其人在不死不活之间,其病愈深而卒至于死。(卷五《医师》)

注释

庸医杀人:平庸的医生把人治死。

卒:终。

一四五

今译

　　古时候庸医杀人，如今庸医不杀人，也不把人救活，使病人处在不死不活之间，病情日益加重而终至于死亡。

皇帝为什么信任太监？

> 王元美《笔记》曰："高帝时,中人不得预外事,见公侯大臣叩首惟谨。至永乐初,狗儿诸奄稍稍见马上之绩。后以倦勤朝事,渐寄笔札,久乃称肺腑矣。"

帝王维护皇权的独占性的阴暗心理,使得他们不信任大臣,而信任太监,这也几乎是三千年专制政治的一大通病。当然,不能说宦官全是坏人,但其中的坏人确实很多。宋明以来,朝廷每年都要阉割一千多名民间男子进宫当太监,正经人家是不愿意将子弟送去当太监的,于是太监的主要来源就是市井无赖、乡村游民之类的流氓无产者,这种人一旦干预政治,是什么坏事都做得出来的。虽然也有的皇帝鉴于历史上宦官专权所造成的祸害,而一度禁止宦官干预政治,但他们防范大臣的阴暗心理使得这一局面并不可能持久。

在皇帝看来,宦官断子绝孙,不可能觊觎皇位;而功高震主的大臣则难保没有觊觎皇位并传之子孙的心思。宦官总

一四七

是侍候在皇帝的身边,处处迎合皇帝的私欲,做一些为皇帝所喜欢、任何稍有一点自尊心的人都不齿的事情;而大臣则不然,他们与皇帝的关系相对疏远,劳苦功高的大臣还特别容易受到同僚的嫉恨、皇帝的猜忌。所以,皇帝真正信任的还是太监或类似太监式的佞幸之人,真正获利的也是这些人物;而劳苦功高的大臣则不是遭放逐,就是遭杀身之祸。

顾炎武追溯阉宦在明朝受到重用的由来时说:明太祖尚且鉴于历代阉祸而禁止宦官干预朝政,但依靠阉宦而夺取天下的明成祖就不同了。在他的手下,宦官被称作"狗儿",被当作狗一般地使唤,明成祖认为狗比人对他忠诚。加上这些狗儿为他抢天下立下了"马上之绩",所以这些狗儿就日益受到重用,从宠物变成了肺腑之交。从派遣宦官担任镇守、执掌兵权,到让宦官草拟圣旨,宦官的权势愈来愈大。到了后来的皇帝,竟然让宦官替他批阅奏章、处理军国大事了,由此便造成了明朝历史上连绵不断的"内官之祸"。

顾炎武也注意到,皇帝信任宦官也与一些大臣们太不争气有关。唐德宗不让宦官参与政治,重用儒臣张涉、薛邕,但此二人贪赃枉法,宦官们借以反击,说文臣贪赃动辄巨万,而谓我曹浊乱天下,岂非欺罔。明朝永乐皇帝靠宦官统兵夺了建文皇帝的天下,而建文皇帝所重用的儒臣却没有一个有本领打败宦官、保住建文帝的皇位;永乐皇帝派郑和下西洋可以大获成功,派一位儒臣去却未必济事。顾炎武虽然重在批判专制帝王为维护皇权的独占性而重用宦官的阴暗心理,揭露宦官专权的危害,但也没有以偏概全;在顾炎武看来,无论是宦官的腐败,还是士大夫的腐败,其实都是专制政治的制度性腐败的组成部分。

原文

王元美《笔记》曰:"高帝时,中人不得预外事,见公侯大臣叩首惟谨。至永乐初,狗儿诸奄稍稍见马上之绩。后以倦勤朝事,渐寄笔札,久乃称肺腑矣。"(卷九《宦官》)

注释

王元美:王世贞(1526—1590),字元美,号凤洲,又号弇州山人,江苏太仓人,明代文学家和史学家,著有《弇州山人四部稿》等书。

高帝:明太祖。

中人:太监。

狗儿诸奄:被永乐皇帝称为狗儿的亲信太监。

马上之绩:指太监们帮助朱棣夺取皇位时立下的战功。

今译

王世贞的《笔记》说:"高帝时,太监不得干预外廷政事,看见公侯大臣时很恭敬地磕头。到永乐初年,被称为狗儿的太监们帮助朱棣夺取皇位时立下了战功。后来永乐皇帝倦于朝廷事务,逐渐让太监代他草拟圣旨,时间长了就以太监为肺腑了。"

皇帝为什么重用流氓？

北齐宰县，多用厮滥。五代选令，必皆鄙猥之人。自古以来，以社稷民人寄之庸琐者，未有不败事者也。以今准古，得无同之。

这句话让人看得有些惊心动魄，皇帝和大臣满嘴讲的是仁义道德，可是却专门重用流氓或准流氓来担任县级领导干部，用这些下三烂的人来对付老百姓，这不是一件非常不可思议的事情吗？然而，顾炎武告诉我们，这在中国历史上的很多朝代都是铁的事实。不仅北齐是如此，五代也是如此；而所谓"以今准古，得无同之"，其实也是对明王朝任用坏人担任基层官职的批判。

为什么会出现这样的情形呢？顾炎武告诉我们，这是专制统治者的一种统治术。他们之所以要用一些"厮滥"、"鄙猥之人"来担任基层政权的官职，就是要通过这些地痞流氓式的人物来对人民实行横征暴敛，由于这些人什么坏事都做得出来,老实善良的乡下农民畏惧他们如惧虎狼,所以只得听任他们的宰割。专制统治者之所以重用坏人,还在于他们认为无恶不作的坏人可以使民众畏惧,在一定的条件下更有利于维护专制统治。

不过,我们也不要天真地以为任用有文化教养的人担任县官就会好到哪里去。俗话说:"为人莫当官,当官都一样。"道学家朱熹的文化教养是够高的了,可是在他当县官的时候,他所采用的办法与那些"厮滥"、"鄙猥之人"也没有太大差别,其唯一的诀窍就是使老百姓畏惧而已。他早年在泉州同安县任主簿的时候,每到税收时,就先期贴出榜文,限期完纳,如果过期不交,就要严厉处罚。对此他是说到做到的,一点也不手软。他十分得意地说:"然此只是一个信而已,如或违限遭点,定断不恕,所以人怕。"(《朱子语类》卷一六)

使人民畏惧,是专制政治的根本特征;使当权者畏惧,是民主政治的根本特征。在专制政治下,无论当官的是流氓,还是道学家,对人民的态度其实都没有什么本质的区别。不过,顾炎武的这一论述却使我们开了眼界,使我们看到,专制统治者经常是不择手段的,是会赤裸裸地任用坏人的。

原文

北齐宰县,多用厮滥。五代选令,必皆鄙猥之人。自古以来,以社稷民人寄之庸琐者,未有不败事者也。以今准古,得无同之。

（卷九《知县》）

注释

厮滥:不三不四的人。

鄙猥:卑鄙猥琐。

社稷:社指土神,稷指谷神,古代君主祭社稷,后来就以社稷代表国家。

今译

北齐任命的县官,大都是些不三不四的滥人。五代选县令,必须都是卑鄙猥琐的人。自古以来,以国家和人民托付于鄙琐之人,没有不坏事的。以今天的情况看古时候,并没有什么不同。

十族诛而臣节变

十族诛而臣节变。

明惠帝建文四年(1402)，燕王朱棣攻陷南京，夺取了他的侄子建文皇帝的皇位。被称为"一代读书种子"的侍讲学士方孝孺被执，朱棣令他草拟诏书，方孝孺宁死不从，被朱棣下令以一千零一刀处死(比以一千刀处死的凌迟之刑多一刀)，灭其十族(比通常之所谓灭九族多一师族)。除方孝孺外，南京忠良之士尽遭杀身灭族之祸。朱棣的这一空前凶恶残忍的暴行，极大地震慑了天下读书人，只得乖乖地拥戴朱棣当皇帝，为他文饰罪恶、歌功颂德。

"十族诛而臣节变"这句话，既是对当年发生的实际情况的言简意赅的概括，也是对明成祖以血腥杀戮来摧毁士人气节的严正批判，它揭露了社会公共生活中的道德与专制政治体制如冰炭不可同器的深刻矛盾，揭示了专制暴政摧毁了中国社会生活的道德基础这一长期为人们视而不见的事实。一个帝王居然以血腥杀戮的手段来强迫读书人放弃其道德操守，这是一件多么不可思议的事情，历史上的开明君主是不会这么做的。例如周武王灭了殷商以后，并没有强迫微子臣事周王朝，"微子之于周，盖受国而不受爵。受国以存先王之祀，不受爵以示不为臣之节。"只是由于后世帝王反其道而行之，所以才造成了读书人道德操守的普遍丧失，导致"抱器之臣、倒戈之士接迹于天下"。

在顾炎武看来，造成读书人丧失道德操守的专制体制并不始于明成祖，而是古来如此。在商朝，箕子可以说是一位很忠诚的人了，但他面对残暴的商纣王，也不敢批评其过失，至于那些不如箕子忠诚的人，早就把道德操守抛到九霄云外去了；周厉王派卫巫主管意识形态，负责监视和惩罚那些发表批评意见的人，人们害怕周厉王的淫威，不敢直言指斥，只好以"言者无罪，闻者足戒"之说来规劝统治者要讲点道德。

顾炎武通过研究历史，认识到士人之所以丧失其道德操守，乃是因为帝王不准人讲真话、且残酷迫害敢于讲真话的读书人的缘故；因此，中华民族道德正气的复兴也只有在专制暴政不复存在的社会条件下才有实现的可能。

原文

　　十族诛而臣节变。（卷十八《书传会选》）

注释

　　十族：九族加师族。九族，指高祖、曾祖、祖父、父亲、己身、儿子、孙子、曾孙、玄孙。师族,指门下学生。

今译

　　自从明成祖朱棣用灭十族的残暴手段来镇压不肯拥戴他当皇帝的大臣以后,臣子们也就不再坚持其道德操守了。

《大全》出而经说亡

> 自八股行而古学弃,《大全》出而经说亡……洪武永乐之间亦世道升降之一会矣。

"《大全》出而经说亡"这一命题,既是顾炎武对明王朝独尊程朱理学所作出的深刻批判,又十分明确地揭示了"定于一尊"的文化专制主义与学术文化多元化的时代要求的矛盾,说明了只有取消文化专制主义才能实现学术文化之繁荣发展的道理。

明成祖永乐十二年(1514)十一月,诏修《五经大全》、《四书大全》、《性理大全》,至次年九月三部《大全》成,由明成祖朱棣作序,命礼部颁行天下。这标志着程朱理学在明王朝的独尊地位的最终确立,更标志着明成祖朱棣"独任君师治教之重"、集道统与治统于一身的绝对君权的确立。奉命编撰三部《大全》的胡广等人在进书表中,称颂明成祖这一极其凶残酷虐的暴君是自"周衰道废"以来"绍承先圣之统"

的唯一"大有为之君",认为将三部《大全》颁行天下可以达到"家孔孟而户程朱"、使人"学不惑于他歧"的统一思想的目的。明成祖在其序言中亦以道统的化身自居,声称"帝王之治,一本于道",说三部《大全》乃是"考诸三王而不谬,建诸天地而不悖,质诸鬼神而无疑,百世以俟圣人而不惑"的绝对真理,故将之颁行天下,必使"家不异政,国不殊俗"。三部《大全》由此成为从朝廷的国子监到地方书院乃至乡村社学的钦定教科书,成为科举考试标准答卷的依据。

顾炎武把明成祖钦定的三部《大全》与明太祖时期所编的《书传会选》加以对照,认为《书传会选》或多或少还能容纳一点与程朱不同的见解,而三部《大全》则完全是以程朱的学说为标准,完全容不得一点不同的意见。他认为受命编撰三部《大全》的全是些由八股发身之人,让这些八股先生来编撰三部《大全》,只能导致古学废弃的结果;然而,这还不是最根本的原因,根本原因在于明成祖对有骨气、有独立思想的士大夫的疯狂杀戮,导致"骨鲠之臣已空于建文之代"。儒臣们之所以用"仅取已成之书抄誊一过"的方式来编撰三部《大全》,完全是明成祖的凶残暴虐所逼出来的,他们的内心充满了对明成祖的血腥杀戮的恐怖,不得不迎合明成祖独尊程朱理学、消灭一切不同意见的专横心态。

从学术史的观点看,顾炎武对程朱理学在儒学发展史上的地位不乏一种历史的尊重;但他坚决反对把一家一派学说定为一尊的文化专制主义。他不仅以"经学即理学"的观点来反对理学对思想界的垄断，而且以史实证明，经学中本有众多流派，且中国之"古学"又并不限于经学，"唐时九流百家之士，并附诸国学"。只是因为明朝以程朱理学为统治思想，以八股取士，才导致了"道器两亡，而行能兼废"的后果。

顾炎武所说的"道器两亡，行能兼废"八个字，殊堪玩味。道、器分别指社会生活的法则和人类历史文化世界中的各种设施，行、能分别指人的道德践履及其他各种社会实践活动与人的认识能力和实践能力。从抽象的意义上看，程朱理学是十分强调其道其器的，何以导致道器两亡？程朱理学又是十分重视提高人的道德水准的，何以又导致"行能兼废"？根源就出在定于一尊的文化专制主义上。世界上没有一种可以自称是掌握了终极的绝对真理的学说，纵然是再好的一种学说，一旦成为专制统治者借以桎梏思想的工具，它自身的生命也就终结了；而要防止一家一派的学说的片面性给社会造成弊端，就需要有思想文化的自由讨论，需要有不同学说的制衡和矫正。社会生活的道与器是在人们自由地思想、自由地实践和创造中保持其生命力的，人的素质是在自由意志支配下的认知和实践活动中得以提高的，把一种学说定为一尊，不允许独立的人格和自由的思想，于是不仅社会丧失了自我更新的生机与活力，而且人的理性的创造力也被窒息了，如此，岂不是"道器两亡"而"行能兼废"？

原文

自八股行而古学弃,《大全》出而经说亡……洪武永乐之间亦世道升降之一会矣。(卷十八《书传会选》)

注释

八股:明清时期科举考试的文体形式。

《大全》:指明成祖命胡广等人编撰的《五经大全》、《四书大全》、《性理大全》。

洪武:明太祖朱元璋的年号。

会:时机。

今译

自从科举考试以八股文取士,古学也就被废弃了;自从三部《大全》颁行以后,以往的经学也就消亡了……洪武永乐之间也是社会状况变化、世风兴衰的一个关键的时期啊。

八股之害

八股之害等于焚书,而败坏人材有甚于
咸阳之郊所坑者,但四百六十余人也。

顾炎武认为,明朝的科举考试考八股文,被录取的人中
十之八九都是一些几乎什么学问也没有的"白徒"。这种人
一旦中举,"即以营求关说为治生之计",依仗自己的身份特
权,结交官府,欺凌百姓,成为州县里的"势豪";取得官职
后,要到外地去赴任,因为其空疏不学,对国计民生毫无裨
益,充其量亦只是一"游客"而已。

或许有人会问:难道考八股文就不需要学问吗?按照明
朝的科举考试制度,读书人要想参加科举考试,总得读三部
《大全》,《五经》中至少要通一经,朱熹的《四书章句集注》
更要精通;在此基础上,还得熟练掌握作八股文的那一套技
巧;难道这一切是什么学问也没有的"白徒"所能够做到
的吗?

顾炎武回答说,提出这样的问题是不明白科举考试的诀

一六○

窍。《日知录》卷十六《拟题》条告诉我们："时文之出,每科一变,五尺童子能诵数十篇而小变其文,即可以取功名,而钝者至白首不得遇。"明朝的科举考试,每次考《五经》中的一种经书,而一种经书中可以出的题目不过几十条;《四书》也是如此,朱熹的《四书章句集注》实在说不上有什么大学问。加上明清时期的商品经济发达,名士们可以为富家大族的子弟把科举考试常出的题目写成文章,计篇酬价;刻书业发达了,书商也可以延请马二先生之类的文人来为他们选八股时文,大量印刷,牟取暴利。天下读书人只要诵习千篇一律的八股时文,就可以应付科举考试,获取功名,除此以外,不再需要读书。只有那些生性愚钝的人,才总是科场失意,一辈子也考不上举人、进士。而一些性情耿介、不愿走这种捷径的人,为了获得功名,也把有用的精力消磨于科举考试的场屋之中,可是未必能够考中。而那些考中的人,乃是"成于抄袭,得于假倩。卒而问其所读之经,有茫然不知为何书者"。

正因为顾炎武太熟悉科举考试的情况了,所以他要愤怒地痛骂："用八股之人才,而使之理烦治众,此夫子所谓贼夫人之子也。"驱天下读书人于作八股文之一途,禁锢思想,蔽塞灵性,成为无用之人,无异于坑杀天下读书之人,当然是远远胜过秦始皇仅仅坑杀四百六十个儒生的了。所以,顾炎武认为八股取士制度对于人才的摧残,其酷烈的程度远远超过了秦始皇的焚书坑儒,绝非过激之论。

原文

八股之害等于焚书,而败坏人材有甚于咸阳之郊所坑者,但四百六十余人也。(卷十七《出身授官》)

今译

以八股文取士等于秦始皇的焚书,而对人才的败坏甚至比咸阳之郊坑杀四百六十余人还要厉害。

叶公不好真龙

> 叶公之好画龙,而不好真龙也。

　　顾炎武认为,科举考试制度之所以最便于空疏不学之人,最主要原因还在于考试的内容。如果考试的内容是关系国计民生和国防事业的实实在在的学问的话,就不会造成"农战不修,文儒是竞"、"一代风流无不趋于科第"的状况。

　　他认为真正的儒者并不是那些诗文写得好的"文儒",而是懂得如何发展经济、如何巩固国防、熟悉治国用兵之术的人;只以诗文写得好取士,于是热衷于功名利禄的读书人便竞相浮华,导致"士习之偷",造成"今将求儒者之人,而适得惰游之士"的结果。顾炎武引用了《庄子》中所讲的一个故事来说明这一道理:

　　　　鲁哀公用庄子之言,号于国中曰:"无其道而为其服者,其罪死。"五日而鲁国无敢儒服者。独有一丈夫儒服而立乎公门,公召而问以国事,千转万变而不穷。

庄子曰:"以鲁国而儒者一人耳,可谓多乎?"

他以这一故事来证明,如果科举考试的内容是国计民生、用兵打仗,以是否具备这些知识来衡量是否真儒,并且明确宣布冒充者要杀头,那么,就没有一个人敢于身穿儒服来冒充儒者了;同时,也只有到了这个时候,真正的儒者即有真才实学的人,才会出现。

顾炎武在讲了这个故事后,说:"此其说在于楚叶公之好画龙,而不好真龙也。"这句话说得最为到位。言下之意是说,专制统治者对待人才的态度实际上是叶公好龙,一旦真正的人才出现了,他们还害怕呢。对于专制统治者来说,维护皇权独占性的政治伦理原则始终是高于一切、压倒一切、可以冲击一切的,读书人有发展经济和用兵打仗的才能,恰恰证明了他没有像宋明道学家所要求的那样,整日格伦理之物,致道德之知,因而其动机是可疑的。说到底,还是那句老话:专制统治者需要的是奴才,而不是人才。

原文

叶公之好画龙,而不好真龙也。(卷十七《中式额数》)

今译

叶公喜欢画龙,是喜欢画上的龙,而不是喜欢真的龙。

好人如何变坏人

> 士风之薄始于纳卷就试,师道之亡始于
> 赴部候选。

顾炎武认为科举制度之所以会败坏读书人的心术,主要问题出在两个环节上。一是"纳卷就试"的环节,二是"赴部候选"的环节。

科举考试时,考官防读书人像防贼一样,实行严格的搜索防奸之法,其搜查的仔细,不是我们今天所能想象的,简直是对人格的侮辱。而统治者正以此来摧折读书人的自尊心和廉耻心,造成了"士亦以盗贼自处"的心灵扭曲或心理变态。为什么受这样的侮辱还要去应考,还要往官僚政客堆里钻呢?儒者的"士可杀而不可辱"的豪言壮语又到哪里去了呢?原因很清楚,官本位体制的政治经济特权的吸引力,早就使读书人将廉耻置之度外了。顾炎武认为这是科举制度造成读书人心术败坏的第一个环节。

读书人在取得科举功名以后,就要赴吏部候选,通过这一环节后,才能获得官职。在这一环节上,所需要的唯一的本领,就是看谁善于钻营奔竞。善于钻营奔竞的,就能优先获得官职,并且是到油水多的地方去做官;不善于钻营奔竞的,就只能到贫穷边远的地方去做官,甚至得不到官职,只好等待来年再赴部候选。专制主义的政治体制总是把中国读书人的聪明才智引向钻营奔竞的方面,因此,也就不用担心读书人没有钻营奔竞的本领;相反,这些人在任何时候都会多如过江之鲫。只要专制政治体制不改变,这种钻营奔竞的习性就会像梅毒和艾滋病一样,遗传到一代又一代的读书人身上。

顾炎武认为,在科举制度下,历代读书人钻营奔竞的主要途径就是卖身投靠。中了举人、进士以后,就赶紧去拜座主,以获得其荫庇,有助于获得官职和他日之升迁;通过这种途径而获得官职后,就要"知恩图报",以至"市权挠法,取贿酬恩"。历代的朋党之祸,就是肇始于贡举之士的钻营奔竞和卖身投靠。在顾炎武看来,主考官录取考生,只是在行使一种公共权力,根本谈不上什么私人的恩典;主考官与被录取的考生的关系,也只是公共权力的行使者与公共权力的行使对象的关系,根本说不上是什么师生关系。

顾炎武的这一认识,是高度理性化的现代社会才有的认识。可是在传统社会中则不然,主考官录取考生被看作是私人对私人的恩典,而官场上唯一通行的道德也就是所谓的

"知恩图报",什么"礼义廉耻"只是说说而已,庸俗关系学的准则才是真正通行的潜规则。正因为如此,所以深谙此种潜规则的新科举人、进士们在"赴部候选"时就必须以卖身投靠作为获取官职的捷径。这种所谓的"中国特色"是早就应该被抛到历史的垃圾堆里去的东西,所以顾炎武痛斥之为"师道之亡",把它看作是科举制度败坏人才的罪恶之一。

原文

士风之薄始于纳卷就试,师道之亡始于赴部候选。(卷十七《教官》)

注释

薄:浇薄。

今译

士风的浇薄开始于科举考试,师道之衰亡开始于赴部候选。

清议亡而干戈至

天下风俗最坏之地，清议尚存，犹足以维持一二。至于清议亡，而干戈至矣。

清议是民众表达其对于社会公共事务之意见、议论政教风俗得失、评议官员人品高下的一种自发的方式。在中国历史上，开明的君主和政治家对于民众的这种自发参与政治的方式一般皆持比较宽容的态度，如顾炎武所列举的"子产不毁乡校，汉文止辇受言"等等。

"清议亡而干戈至"。这是顾炎武对中国历史上一种带有规律性的现象的总结，既是对专制统治者扼杀社会正义呼声的严正批判，也深刻揭示了社会正义呼声与社会长治久安的依存关系。历史上的君主并非都是重视倾听民间呼声的开明君主，那些暴虐之君和政治上的黑恶势力是绝不允许社会上有不同声音存在的，如周厉王之监谤、秦始皇之坑儒、东汉之党锢之祸、晚明东林党人之惨遭镇压等等。这种倒行逆施的结果使政治更加黑暗腐败，亦使得统治者民心尽失，由此便导致巨大的社会动乱。

在顾炎武看来，一个社会要健康发展和避免动乱，除了要有权力制衡以外，还要允许不同的声音存在；即使在政治最腐败的时候，只要民众还能够通过"动口"来表达自己的心声，政治就还有改良的希望；如果统治者连民众的这一和平地表达意见的权利也要扼杀，使得人民再也无法通过正常的渠道来公开地表达自己的意见，那么，干戈就会代清议而兴，血与火的批判方式就会取代和平的批判方式，统治者和整个社会都将为此而付出极为惨重的代价。"清议亡而干戈至"，既是对中国历史上兴亡治乱之规律的总结，同时也深刻揭示了扼杀言论自由与社会动乱的因果关系，阐明了体现社会公正和正义的批评之声对于社会稳定和健康发展的重要意义。

原文

　　天下风俗最坏之地，清议尚存，犹足以维持一二。至于清议亡，而干戈至矣。（卷十三《清议》）

注释

　　清议：本指社会名流对当代政治和政治人物的评论，这里泛指人民通过言论来对当代政治和政治人物进行舆论监督。

　　干戈：泛指武器，比喻战争。

今译

　　天下风俗最坏的地方,只要还有社会公正和正义的声音存在,还可以起到一些维持社会稳定的作用。如果连主持正义的声音也没有了,那人民就要拿起武器了。

只有帝王才能称君吗？

> 人臣称君,自三代以前有之。

　　顾炎武政治思想的最富于近代意义的特色,是他关于"君、臣、民"政治平等的论说。在儒家学者中,像他这样论说君主与臣民的政治平等,是极为罕见的,这反映了中国传统政治思想近代转型的新动向。

　　他极力证明,"君"这一称谓原本不是皇帝的专称,而是一个几乎人人可以使用的称谓。他说中国的三代以上是一个"尊卑之势无大相远"的时代,并不是只有帝王才能称君;至于"必天子而后谓之君",那是后人把"尊卑之势"人为加以扩大了的结果。

　　他以《春秋》、《仪礼》、《礼记》、《周礼》、《孟子》、《尔雅》乃至《汉书》、《后汉书》中的大量史料证明,在中国古代的礼制中,"君"的称谓乃是"上下之通称",不仅帝王可以称君,诸侯可以称君,大夫可以称君,士可以称君,而且女儿可以称父亲为君,媳妇可以称公爹为君,妻妾可以称丈夫为君,

一七一

等等。"君"本来就是一个普通的称谓,并不是帝王专有的尊称。

他还证明,在郡县制刚刚产生的时候,郡县的行政长官也被称为人君,"郡"字本身就意味着这一含义;汉代"爵高有国邑者"也被称为人君,这在《汉书》中也有明确的记载。所以,"人君"这一称号并不是只有皇帝才能专擅的。

顾炎武还通过对"陛下"与"万岁"等词汇的考证,说明这两个词之所以会成为只有对皇帝才能使用的至高无上的尊称,其实是不学无术的无耻文人和奸臣们捣的鬼,皇帝的至高无上的权威是不学无术的无耻文人和奸臣们捧起来的。

原文

人臣称君,自三代以前有之。(卷二十四《君》)

注释

人臣:泛指帝王的臣僚和比帝王地位低的人。

今译

称人臣为君,是从夏商周三代以前就有的称呼。

"陛下"非尊称

> 陛下犹言执事,后人相沿,遂以为至尊之称。

人们普遍认为,"陛下"是指称皇帝的,是只有皇帝才能使用的尊称。顾炎武说,不然,"陛下"在中国古代原本是一种卑贱的称呼。

他依据贾谊《新书》"天子卑号称陛下"之说和蔡邕《独断》一文对"陛下"一词的解释,告诉我们,"陛下"这一称呼,本来是称呼在皇帝座位的台阶下听候使唤的"执事"之人的,只是因为群臣在与皇帝讲话的时候,不敢公然指斥皇帝,就用"陛下"一词来呼唤"执事"之人,让他们把自己的意见转达给皇帝。而人们误以为"陛下"一词是称呼皇帝的,所以随着时间的推移,这"卑号"居然成了皇帝专用的至尊的尊号。

隋朝的时候还发生了这么一件事。有一个叫许善心的人,本来是南朝陈后主的臣子,后来归顺了隋文帝。宇文述

一七三

想陷害他，就说许善心祭奠陈叔宝的文章中有称"陛下"之语，这说明他只认故主，并没有真心归顺。隋文帝大怒，遂把许善心召来询问，许善心说："陛下者，本是呼执事之人，与尊号不同。"隋文帝这才把他放过。虽然许善心善于自我辩解而得以免祸，但从此以后，就再也没有人敢对皇帝以外的人称"陛下"了。

顾炎武把"陛下"一词的意义还原，在皇帝的尊号上涂上了几道令人发笑的油彩，很有意思。

原文

陛下犹言执事，后人相沿，遂以为至尊之称。（卷二十四《陛下》）

今译

"陛下"一词的本来的意思犹如"执事"，后人相沿，就把它当成了皇帝的名称。

人人可称万岁

> 万岁……则亦当时人庆幸之通称。

　　人们通常认为，"万岁"一词也是皇帝专用的，对普通人是不得称"万岁"的。而顾炎武则告诉我们，"万岁"在古时是"庆幸之通称"，即人们对于有恩于自己的人表示感激的一种通行的称呼。人臣也可以称万岁，不是皇帝所可以专擅的。

　　例如，战国时，冯骥把人民欠孟尝君的债券一把火烧了，人民向着他高呼"万岁"；东汉时，将军马援杀牛酾酒，犒劳全军将士，将士们也高兴得欢呼"万岁"；冯鲂让被抓获的造反的农民回家种地，这些被释放的农民也向他高呼"万岁"；如此等等，都证明了至少到东汉时代，人臣还是可以被称为"万岁"的；而所谓"万岁"，在古时候不过是"庆幸之通称"而已，并不意味着特别尊贵的意思。因此，儒者们之所谓"礼无人臣称万岁之制"的说法是完全错误的。

　　那么，从什么时候起，只有皇帝才能称"万岁"呢？顾炎武说,这也是奸臣们捣的鬼。东汉时的大奸臣梁冀与大儒马融相勾结,合谋陷害忠良李固,致使李固被捕入狱。后来李固被证明是冤枉的,所以被释放。梁冀听说京城的民众向着刚刚出狱的李固高呼"万岁",对他的政敌如此受民众拥戴十分嫉恨,就以此为理由,一不做,二不休,干脆将李固杀害。从这件事以后,"万岁"才成了只有对皇帝才能使用的"非常之辞",再也没有人敢对皇帝以外的人喊万岁了。

原文

万岁……则亦当时人庆幸之通称。(卷二十四《人臣称万岁》)

注释

庆幸:为事情意外地得到好的结局而感到高兴,这里也带有感恩、感激的意思。

通称:通行的称呼。

今译

呼喊"万岁",本来是古时候人对于有恩于自己的人表示感激的通称。

天子非绝世之贵

> 知天子一位之义,则不敢肆于民上以自尊;知禄以代耕之义,则不敢厚取于民以自奉。不明乎此,而侮夺人之君,常多于三代之下矣。

顾炎武借解释"周室班爵禄"之义,来发挥君、臣、民政治平等的观点。他说周室班爵之意,说明天子与公、侯、伯、子、男同处于班爵之列,并不是什么"绝世之贵";班爵之意,寓"天子一位之义",即天子也只是一种爵位,不过是几种爵位中的一种而已,因而也就"不敢肆于民上以自尊"。

周室班禄之意,还说明君、卿、大夫、士与庶人之在官者(为官府服役的普通百姓)同处于班禄之列,大家的俸禄都不是"无事之食";因为他们都在为民众办事,无暇种地,所以才发给俸禄,俸禄是用来代耕的;明白了这一道理,天子就"不敢厚取于民以自奉"。顾炎武认为,三代以下之所以会有那么多的侮辱他人人格、掠夺他人财产的君主,就是因为

一七七

"周室班爵禄"之义不明于天下的缘故。

顾炎武还认为,帝王不应享有任何特权。他根据《尚书》中的《武成》、《召诰》、《毕命》等篇的记载,说周王连出征、祭祀都是步行前往,可见那时君臣关系与君民关系是比较平等的;可是后世的帝王则不然,"辇而行国中,坐而见群臣",这些都不合乎先王之制。他说帝王的这种"骄恣惰佚"的作风是从秦始皇开始的:"'皇帝辇出房',见于《汉书·叔孙通传》,乃秦仪也。"对于这一说法,我们当然不能只从字面上或形式上去理解。问题不在于帝王能否乘车和能否坐着见群臣,而在于他所要表达的真正意义,即:反对君主的"骄恣惰佚",反对君主"肆于民上以自尊"。这才是他的以上论述的真正意义之所在。

由顾炎武的以上论述,我们可以发现他与以往的儒家学者有一个最大的不同:以往的儒家总是通过谈论礼,甚至伪造古礼来强化皇帝的特权,而顾炎武则通过对古礼的诠释来极力地限制皇帝的特权。例如汉儒戴圣所造的《礼经》,说周文王有九嫔、二十七世妇、八十一御妻,一夕御九女,这是天子的盛德。清代文学家袁枚说得好,关于周代宫廷嫔妃数目的礼制是戴圣编造出来向皇帝献媚的,他说周文王宫女原无定数,最多不过二三十人,也没有这样那样的名号,且文王勤于政事,日昃不暇,哪有精力十五夜睡一百多个女人!可是由于戴圣的作伪和郑玄师弟的大力宣扬,遂导致后来隋宫每日用烟螺五石,开元宫女达六万余人之多。

清朝的大考据学家阮元说,儒家的"礼"的核心价值观念,就是对权势者充分地显示其威风,让他们最大限度地享受食色两大主义的人生快乐的注重,这是非常有眼光的论断。可是他没有看到,顾炎武却在借讲"礼"来限制皇帝的特权呢。

原文

知天子一位之义,则不敢肆于民上以自尊;知禄以代耕之义,则不敢厚取于民以自奉。不明乎此,而侮夺人之君,常多于三代之下矣。(卷七《周室班爵禄》)

注释

天子一位:天子只是周代的"六职"(六种职务)之一。

今译

懂得天子只是一种官职的意义,就不敢肆虐于老百姓之上以自尊;懂得俸禄是用来代替其耕种的意义,则不敢对老百姓多征赋税来奉养自己。三代以下的君主不明白这一道理,所以就有了很多肆无忌惮地欺侮和掠夺老百姓的昏君和暴君。

谦卑

> 享天下之大福者,必先天下之劳;宅天下之至贵者,必执天下之至贱。

顾炎武认为帝王不仅不应该"肆于民上以自尊",而且应该具有谦卑的精神。他说:"人主之德,莫大乎下人。"——帝王的美德,没有比自居于人之下更大的;又说:"其君能下人,必能信用其民。"——君主能把自己置于老百姓之下的地位,就必然能够得到人民的信任,人民也就乐于为君主效力。

他认为君主的这种谦卑的精神应该通过"先天下之劳"、"执天下之至贱"的实际生活锻炼来加以培养。他说上古帝王皆直接从事物质生产劳动,虞舜饭糗茹草,夏禹手足胼胝、面目黧黑,武丁服劳于外,由此而知道稼穑之艰难、民众的疾苦,懂得必须尊重民众,在民众的面前没有任何骄傲自大的理由,由此才能担当起治理天下的重任。周朝的后妃们也都从事各种家务劳动,包括自己洗衣服等等。周公教育子弟,讲周朝的祖先是如何艰苦创业的,讲的也无非是农夫、女工、衣食之务,并不以劳动为卑贱。先王之所以能道济天下,而为万世帝王之祖,就在于他们尊重劳动,尊重劳动人民。具有非凡才能的先王们尚且如此,后世的那些本领平庸的帝王们凭什么自以为高人一等呢?

他主张君主应当以谦卑的态度来对待自己的臣下。《日知录》卷二十四《称臣下为父母》条说:父母二字,在古时候乃是对高年长者的称呼,寓尊老之意,并不局限于亲子关系。赵王称赵括之母为母,汉文帝称冯唐为父,可见他们对于臣下的尊重。顾炎武对这种以谦卑的态度来对待臣下的精神,予以了肯定和赞扬。

顾炎武所提倡的谦卑精神,与基督教伦理的精神具有内在相通之处。在基督教的《圣经》中,耶稣告诫人们:"你们中间谁愿为大,就必作你们的佣人;谁愿为首,就必作你们的仆人。""凡自己谦卑像这小孩子的,他在天国里就是最大的。"耶稣在受难前夕,向他的十二个门徒告别时,亲自为他们洗脚,以此作为他所提倡的谦卑精神之见证和伟大的无私之爱的榜样。近代哲人倡导的"公仆"精神,就是对基督教伦理的这一精神的继承和发展。那些自以为高人一等的人,自以为高明而不能容忍任何不同意见的人,适见其不自量而已。

原文

享天下之大福者,必先天下之劳;宅天下之至贵者,必执天下之至贱。(卷七《饭糗茹草》)

注释

宅:居官,任职。

今译

享天下之大福的人,必须首先做天下的劳苦之事;担任天下最显贵职务的人,必须做天下最卑贱的事。

封驳

> 人主所患,莫大乎唯言而莫予违。

　　总结中国历史上兴亡治乱、特别是明王朝灭亡的历史教训,顾炎武深深感到,君主的独断专行,君主的权力不受制约,是造成政治昏乱、吏治腐败和社会动乱的根源。通观历代政治体制设置之得失,为了防止君主的独断专行,顾炎武主张实行分权制衡,即以权力来制约权力,以削弱君主的权力,并对君权实行有效的制约。

　　怎样才能使君主的权力受到制约,使人们敢于对君主的言论和决策提出反对的意见、并且能够确有成效地制止君主的非理性行为呢?顾炎武从中国历史上发现了"封驳",即臣僚可以拒绝实行君主的诏令,或将君主的诏令封还驳回。他从春秋战国时期和汉朝的历史上发现了许多这样的"封驳之事"。

　　春秋时期,齐景公三次发布命令,要求管财政的大臣按照他的旨意对官员们进行赏赐,管财政的大臣都拒不执行,齐景公大怒,罢了管财政的大臣的官;又三次发布命令,要求"士师"执行他的这一命令,而"士师"也拒不执行,齐景公无可奈何。汉哀帝要封外戚董贤,丞相王嘉认为不妥,于是便将诏书封还。东汉的尚书仆射钟离意也有不怕"掠龙须,捋虎尾"的气概,曾经多次将皇帝的诏书驳回。这些事情在历史上有很多的记载。

顾炎武更从唐朝的历史中发现了将"封驳"制度化的证据。

唐代实行三省六部制度,门下省给事中担负着"驳正违失"的职责,有权"涂窜诏敕之不便",也有权将皇帝的诏令驳回。皇帝的诏令不经过门下省的认可,是不得称之为"敕"的,因而朝野流行着"不经凤阁鸾台,何得为敕"的说法。门下省成为制约皇帝独断专行的一道重要的政治屏障。由于"封驳"被制度化了,官员封驳皇帝的诏敕具有合法性,受到了制度的保障,所以在唐朝历史上就产生了许多以封还敕书而垂名史传的正直的官员;由于"封驳"被制度化了,所以皇帝也不能不尊重门下省的意志,不仅不能借此对封还敕书的官员打击报复,而且为了显示自己的雅量,还要对门下省的官员予以嘉奖。——人性的弱点是不喜欢别人违背自己的意志,身居帝王之位的人尤其如此,但只要有了好的制度,纵然是再心胸狭隘的人也会变得有雅量,纵然是再刚愎自用的人也会容忍不同的意见,这正是一种好的制度的威力,也正是"制度好,坏人可以变好人;制度不好,好人也会变坏人"的证据。

顾炎武还根据《清波杂志》的记载证明,在唐代只有门下省给事中有封驳皇帝诏敕的权力,而到了宋代,连中书省的官员也敢于封驳皇帝的诏敕了。由于中书舍人封驳皇帝的诏敕并无制度的规定,所以中书省的官员也抗旨不遵就非得有一种不怕罢官、不怕坐牢杀头的道德勇气了。当然,宋朝官员的这种道德勇气又是与他们所处的特定历史条件分不开的。宋太祖定制,不杀士大夫。士大夫纵然抗旨不遵,也不会遭到杀身之祸。正因为如此,宋朝多敢言之士。士大夫的政治气节,在相当大的程度上是由他们所处的政治环境所决定的。在暴虐专制的时代,又有几人会有不怕杀头的道德勇气呢?所以顾炎武说宋朝的官员之所以敢于封驳皇帝的诏敕,是"祖宗德泽,百余年养成风俗",这一观点是合乎历史实际的。

即使在明代的政治历史条件下,——顾炎武认为,——封驳制度也依然对遏止政治的腐败发挥着重要作用。他说明太祖虽然废宰相、罢门下省长官,以强化君主权力,但他毕竟还保留了六科给事中这样一个"品卑而权特重"的官职,让他们在一定的范围内可以对"圣旨"提出不同的意见,并制约六部官员的行为。他认为这一制度在晚明还是发挥了一定的积极作用的,尤其是在万历、泰昌和天启年间,君主昏庸,六科给事中能对君主已经决定的事情发表一些不同的意见,在一定的程度上起到了支持健康的政治力量、禁止昏君和奸臣胡作非为的作用。

顾炎武认为,号称极为专制的明王朝尚且如此,难道后来的统治者连明朝的皇帝也不如吗?他以六科给事中在晚明政治生活中所发挥的积极作用来说明,一个社会要健康发展,就必须允许不同的声音存在;要让不同的声音得以表达,并使之真正能够发挥对于君主权力的制约作用,就必须有制度的保障。他之所以特别赞赏唐朝的门下封驳制度,并肯定明朝设六科给事中的制度,其意义就在于此。

原文

人主所患,莫大乎唯言而莫予违。(卷九《封驳》)

注释

人主:指帝王。

今译

对于帝王来说,最大的害处,是说出来的话没有人敢批评。

众治

> 人君之于天下,不能独治也:独治之而刑繁矣,众治之而刑措矣。

顾炎武的这句话,主要是讲乡村自治的。农村是中国社会的基础,家族制的农业经济组织形式是中国社会的基本结构,这是中国传统社会最基本的国情。对于农村的治理,是依靠农民自己的家族组织来处理自己的事务,还是把农民的一切事务全部由官府来处理呢?顾炎武认为,农村的事务主要应由农民自己来处理,而不必由官府来越俎代庖。因此,他提出了与君主的"独治"相对立的"众治"的政治主张,着重论述了为什么要实行乡村自治,以及如何实行乡村自治的问题。

所谓"独治",是指由君主专制的政治体制来管理乡村的一切事务,一切公共事务都必须由官府来处理,一切民间纠纷也必须通过诉诸法律的途径才能解决。在顾炎武看来,这就叫"独治",它反映的是君主的意志,而不是民众的意志。乡村的一切纠纷都必须诉诸法律，这就导致狱讼繁多，贪官、师爷、书办、衙役、狱卒各色人等皆可以趁此渔利，以其暴而济其贪，吃了原告吃被告，老实善良的农民实在是苦不堪言！要改变君主"独治"所造成的这种"以刑穷天下之民"情形，救农民于水火之中，就只有从中国社会的基本国情出发，实行乡村自治的制度，让农民自己解决自己的问题，这在顾炎武看来，就叫做"众治"，因为它反映的是农民自己的意志。

如何实行乡村自治呢？顾炎武认为必须靠宗族制度。父兄与子弟、宗子与族人的关系，是天然的血缘关系，有着血浓于水、同气连枝的天然的血缘情感，有着在长期的共同生活中形成的天然的道德规范。这种天然的血缘情感和道德规范，成为把整个家族凝聚在一起的强有力的纽带。正因为有家族组织作为中国社会的基本结构，所以在历史上，无论遇到过多少灾难和浩劫，中华民族总是保持着它的坚韧的生命力。外族入侵之时，一个家族就是一支军队；实在抵抗不了时，就举族迁徙，再到新的地方定居下来。这在"五胡乱华"的魏晋南北朝时期表现得尤为突出。

顾炎武对乡村自治制度的考察，先从汉朝追溯到秦朝，再从秦朝追溯到春秋战国，又从春秋战国追溯到三代。他认为，从上古三代开始，统治者就十分重视乡村基层政权的建设，这种基层政权建设主要是通过乡村中的"三老"来实现的，又从各个乡村中的"三老"中各选一人为"县三老"（"三"在此处是"多"的意思），县令、县丞、县尉遇事要向他们请教，征求他们的意见。乡村基层的官职也都是由家族中德高望重的人来担任，一切矛盾几乎都可以通过乡村基层组织来解决。这不但没有削弱政府的权力，反而可以收"天下之治若网之在纲，有条而不紊"之效。

可是后来的统治者为了加强中央集权，一步一步地削弱乡村的权力，剥夺农民自己管理自己事务的权利。明朝的时候，乡村中的一切事务都由县一级的政府直接管理。官府根本不尊重乡村中的德高望重的人，担任乡官就得一切听役于官府，官府要他们做什么就得做什么，所以稍有廉耻的人都不肯担任乡村中的职务，只有那些想依仗官府的势力以欺凌百姓的奸猾之徒愿意担任此职，充当官府的爪牙。汉代与明代的区别，就在于汉朝尊重和信任"三老"，并且真正赋予他们以自治的权力；而明朝则把乡村置于政府的牢牢控制之下，乡村没有自治权。所以，顾炎武特别推崇汉代以"三老"来实行乡村自治的制度，认为只有实行像汉代那样的"三老"制度，乡村自治才能真正落到实处，亦才能从根本上改变奸猾之徒担任乡职、依仗官府之势欺凌乡民的状况。

农村问题在中国是一个极其复杂的问题。以往的顾炎武研究，往往把顾炎武维护农村的宗族制度的思想看作是封建性的糟粕。其实问题没有这么简单。在一个民族现代化的社会转型过程中,是否一定要彻底破坏原有的天然的社会组织形式呢?这种天然的社会组织形式就一定是完全阻碍现代化的吗?恐怕要作具体分析。孙中山直到晚年仍坚持认为,中国农村的家族制度不可破坏,从家族主义可以推广到国族主义,这一观点并不是完全没有一点道理的。如果连孙中山先生都错了,那么我们自然不能要求四百年前的顾炎武绝对正确。

原文

人君之于天下,不能独治也:独治之而刑繁矣,众治之而刑措矣。(卷六《爱百姓故刑罚中》)

注释

措:弃置。

今译

君主治理国家,不能独自治理:独自治理就要靠刑罚而导致狱讼繁多,依靠众人治理就可以把刑罚放在一边了。

一九○

天下之人皆可举而荐之

> 人主设取士之科，以待寒畯，诚不宜使大臣子弟得与其间，以示宠遇之私；而大臣亦不当使其子弟与寒士竞进。

中国传统的科举制度有一个优点，就是使贫寒的农家子弟也有进入仕途、施展自己的政治抱负的机会。所谓"朝为田舍郎，暮登天子堂"，说的就是农家子弟通过科举考试而进入仕途的情形。至于大臣子弟进入仕途，历代则有所谓"恩荫"，古代戏曲里所唱的"博一个封妻荫子"，说的就是这种情形。前者带有平等竞争的意味，后者则纯粹是一种官本位特权。所以比较正直的大臣也感到"恩荫"的不合理。

顾炎武是反对"恩荫"制度的。他举了一个例子，说北魏孝文帝时，于烈为光禄勋卿，其子于登援引"恩荫"的惯例要求入朝为官，于烈乃上疏孝文帝，要求将他的儿子黜落，孝文帝认为这是有识之言。于烈是一个武将，儒者们重文轻武，通常是瞧不起武将的，所以顾炎武感叹地说："虽武夫犹知此义也。"——即使是一个武夫,也懂得凭借特权来使子弟获得官位是一件不那么光彩的事情。

到了后来,"恩荫"制度渐渐实行得少了,而是让大臣们的子弟与民间贫寒的农家子弟一样参加科举考试。从表面上看,这是让大臣子弟参与平等竞争,但实际上,哪里又有什么真正的平等可言。这里面的窍门可多了去了。大臣子弟所拥有的政治优势和人脉关系的优势,使他们在科举考试中往往处于十分有利的地位,从而在实际上享有了科举从政的优先权。为了保证在选拔人才从政的问题上做到公正,所以顾炎武坚决反对大臣子弟也参加科举考试,说科举取士是为贫寒的农家子弟设立的,不能也不应让大臣子弟参与其间,大臣子弟是不应享有科举从政的优先权的。

既反对"恩荫",又反对大臣子弟参加科举考试,那么大臣子弟岂不是没有做官的机会了吗?如何解决这个问题呢?顾炎武没有说。但在他看来,哪有老子做官、儿子也一定要做官的道理?天下的职业多了,为什么一定要做官呢?顾炎武的思想,就是如此地不讨当官们的喜欢。

鉴于科举制度也有其弊病,顾炎武提出了"天下之人才皆可由天下之人举而荐之"的主张。其具体方案是,按照人口的比例、人才之高下来遴选,"考其乡邑之誉"、"众议定其高下",以保证选拔人才的质量。优秀者可以直接选送到礼部参加进士考试,不必再经过考举人的环节。考中进士的,只授予他们县级以下的簿尉之职,让他们从基层的小官做起,去体会普通民众的疾苦,以平其贪婪躁进之情。

他认为天下的读书人无非是两种,一种是"有道德而不愿仕者",这种人作为受人尊敬的"人师",可以让他们教书去;另一种人是"有学术才能而思自见于世者",这种人就由县令把他们推荐到朝廷去,让他们去做官。但推荐了去应试做官的人不能多,每个县只能隔一年推荐一人,这样才可以使读书人不竞于功名,少一点钻营奔竞之心。他还反复强调,不应把教师纳入官本位的体制:"凡官皆当有品级,惟教官不当有品级,亦不得谓之官。"他认为这才能使教师这一职业真正有尊严。但他没有想到,不改革官僚本位的体制,教师又何来尊严?

原文

人主设取士之科,以待寒畯,诚不宜使大臣子弟得与其间,以示宠遇之私;而大臣亦不当使其子弟与寒士竞进。(卷十七《大臣子弟》)

注释

取士之科:指科举制度。

寒畯:贫寒的农家子弟。

今译

皇帝设立和实行科举制度,是为了给贫寒的农家子弟以进入仕途的机会,诚然不宜使大臣子弟参与其间,以表示皇帝对大臣的宠遇之私;而大臣也不应当使其子弟与寒士竞争而进入仕途。

庶人之议

> 政教风俗苟非尽善,即许庶人之议矣。

　　孔子说"天下有道,则庶人不议",这本来是一个带有原始氏族民主制遗风的命题。可是这一命题却常被专制统治者加以歪曲,并以此来作为反对庶民议政的口实,对政治的任何批评都被看作是"恶毒攻击"天下无道。而顾炎武则恢复了孔子这句话的本意,并由此发挥出主张庶民议政的开明政治思想。

　　在顾炎武看来,以中国土地之大、人口之众,谁又能断言其政教风俗是尽善尽美的呢?既然不是尽善尽美,又怎能不允许人民议论呢?因此,允许庶人议政乃是中华民族历代开明政治家的优秀传统。从商王盘庚的"卜诸庶民之从逆",到周代的"陈列国之风,听舆人之诵",从"子产不毁乡校",到汉文帝的"止辇受言",从唐玄宗听鲁山乐工之歌而为之感动,到唐宪宗对敢于"规讽时事"的白居易的赏识,都体现了开明君主能够容忍不同意见的雅量。

他说古代的圣王为了澄清吏治,不仅以法律来制约官员的行为,而且通过"立闾师,设乡校"的形式,让学校来议论政治,评说政治的得失,用舆论监督来辅助法律之不足。他说"虽二帝之举措,亦未尝不询于刍荛",像尧、舜那样的帝王尚且在决策时要征求普通老百姓的意见,哪里像后世的帝王,任何事情都不必经过民众的同意,却在那里妄称"为民立极"!他反复强调,允许人民议论政治,讨论政治问题,评说政治的得失,为"王治之不可阙"。

他运用的是古色古香的语言,采用的是托古改制的方式,而事实上唐代以前(含唐代)的中国社会虽然不像后世那么专制,但在思想言论方面也还是有相当大的限制的,也有以言治罪的情况发生,并不像他所说的那么美好,但顾炎武毕竟借肯定"古人风俗之厚"而表达了一种新的时代要求。

顾炎武还以写诗的形式来表达他对"文字狱"的专制暴政的抗议。其《闻湖州史狱》诗云:"永嘉一蒙尘,中原遂翻覆。名胡石勒诛,触眇苻生戮。哀哉周汉人,离此干戈毒。去去王子年,独向深岩宿。"五代时,羯族统治者石勒入主中原,乃明令不准用带"胡"字的名称,违者即杀;前秦的皇帝苻健由于自己偏盲,就下令不准用"残"、"偏"、"只"、"少"等字眼。许多人都因不慎使用了上述文字而遭杀身之祸。以文字来罗织人的罪名,以思想和言论来对人进行迫害,是历史上一切暴虐专制的基本特征,亦是清王朝的基本国策。

专制统治者以言论治罪,不仅追究书面上的文字,而且追究人的言谈,甚至发生妻子告丈夫、儿子告父亲有违禁言论这样丧心病狂的事。对此,顾炎武更是极其不能容忍的。他认为开明的君主是不会根据妻、子提供的所谓"证据"来对人治罪的。《日知录之余》卷二《妻子告家长》条说,姜毅的妻子告姜毅"所言悖妄",元世祖认为妻告夫、子告父的话是不足为据的,所以不予追究。顾炎武对元世祖的这一开明的态度给予了充分的肯定。

从现代政治学的原理来看,有言论自由未必就有民主,允许言论自由而没有民主的制度也仅仅是一种"开明专制"的政治体制;而既没有言论自由也没有民主的制度,在马克思主义政治学原理中则被称为"暴虐专制"。从人类社会走向现代化的历史进程看,以允许思想言论自由的开明专制取代剥夺人民言论自由的暴虐专制,乃是一种历史的进步,是社会的民主化进程的一个中间环节。我们当然不能要求顾炎武在17世纪中国的历史条件下就能设计出一整套既有自由、又有民主的政治改革方案,但他毕竟提出了思想言论自由和庶民议政的要求,则是具有重大历史进步意义的。

原文

政教风俗苟非尽善,即许庶人之议矣。(卷十九《直言》)

注释

庶人：平民百姓。

今译

如果一个国家的政教风俗不能做到尽善尽美，就应该允许庶人议论。

法制

自古国家承平日久，法制废弛，而上之
令不能行于下，未有不亡者也。

传统的观点认为，国家的兴亡取决于君主个人的品德，
例如殷纣之所以败亡，周武王之所以兴起，乃是"以至仁伐
至不仁"的缘故。顾炎武不同意这种观点，认为这只是一偏
之见而非穷源之论；国家的兴亡其实是并不完全取决于个人
品德的，还有更深层的原因需要探究，这一更深层的原因就
是法制。

顾炎武列举事实证明，商朝的国势衰弱是由来已久的，
并非到了商纣王才开始衰弱。《尚书·盘庚》表明，早在盘
庚之时，卿大夫就不听从君主的政令，不遵守法纪；由于卿大
夫不守法纪，于是普通老百姓就更不畏国法了。在这种情况
下，即使是具有中等才能的君主也不能守住这江山社稷，何
况商纣王这样狂酗昏虐的君主呢？北齐文宣王个人品德的
恶劣并不亚于商纣，却国势强大；高纬品德的恶劣未必甚于

一九九

齐文宣王,而北齐却被宇文氏灭亡了。可见在君主的个人品德之外还有真正导致国家兴亡的原因所在。齐文宣王之所以兴,是因为有"纪纲粗立"的制度保障,君主个人的品德不能影响法律的实施,因而虽有"主昏于上"而却能做到"政清于下";而到了高纬的时代却已是"国法荡然"的局面,又岂能不亡?由此可见,比起君主的个人品德来说,制度的因素对于国家的兴亡更为重要。顾炎武认为,这才是把握了兴亡盛衰之关键的探本穷源之论。

顾炎武重视法制,重在防止政府官员的腐败。他认为政治腐败是导致历代王朝由兴盛走向衰落的一个极其重要的原因,周朝之所以走向衰亡就是由于政治腐败所导致的:"周之衰也,政以贿成,而官之师旅不胜其富。"历代因政治腐败而亡国的事实不胜枚举,晚明更是如此,政治腐败已经到了"无官不窃盗,无守不赂遗"的地步。如果明王朝真正能够解决政治腐败的问题,自然可以避免先进的汉民族被落后的游牧民族所征服的惨祸。所以,如何防止和惩治腐败,就成为顾炎武着重加以探讨的一个重要问题。

原文

自古国家承平日久,法制废弛,而上之令不能行于下,未有不亡者也。(卷二《殷纣之所以亡》)

注释

承平:太平,治平相承。

公请

目下以来，国家未有日久、安制度整、上图时泳之不继者于千百
年，没有不亡国的。

大臣财产申报制度

> 诚知大臣家事之丰约,关于政化之隆污,则可以审择相之方,而亦得富民之道矣。

通过实际的社会调查,顾炎武发现,中国的普通老百姓实在太穷了。又通过仔细地研究历史,发现人民的贫困首先是由于大臣的贪污所造成的。所谓大臣,也就是大官,主要是指六部尚书以上级别的官员。这些大官,一方面通过自身的权力来获得财富;另一方面,各级政府官员搜括得来的民脂民膏也通过层层孝敬,最后集中到这些大官们的手中,下级官员所获得的,其实只是贪污得来的零头而已。

大臣是不是贪污,就要看他实际上占有多少财产。顾炎武已经萌生了建立大臣财产申报制度的想法。他说诸葛亮就曾上疏向朝廷申报其家庭财产,说:"成都有桑八百株,薄田十五顷,子孙衣食悉仰于家,自有余饶。至于臣在外任,无别调度,随身衣食悉仰于官,不别治生以长尺寸。若臣死之日,不使内有余帛,外有赢财,以负陛下。"诸葛亮死后,确实是内无余帛,外无赢财。顾炎武认为,这就是清官,就是忠臣。

他进而把官员是否贪污提高到对国家和人民是否忠诚的高度来认识,说"人臣之欺君误国,必自其贪于货赂始也",识别是不是忠臣,就是要看他贪不贪;只要是贪官,就绝对不是忠臣。而要识别官员贪不贪,除了看他实际上占有多少财产,没有别的办法,所以他特别赞赏诸葛亮向朝廷申报其家庭财产的做法。为了防止官员在申报财产时采取欺诈手段,顾炎武还主张要"观之于终",即看他死后留下多少财产,不能因为人死了就不再追究其在任时的贪污行为。顾炎武的这一说法,似乎已多少带有一点现代文明国家所实行的官员定期向国家和人民申报其家庭财产的制度的意味,只是他并没有对如何将官员申报财产这一做法制度化作进一步的探讨。

原文

诚知大臣家事之丰约,关于政化之隆污,则可以审择相之方,而亦得富民之道矣。(卷十三《大臣》)

注释

大臣:古称官职尊贵者,清末以各部尚书为大臣,侍郎(副部长)为副大臣。

家事之丰约:指家庭财产的多寡。

政化之隆污:政治和风俗的盛衰。

今译

　　如果真正懂得大臣家庭财产的多寡,关系到政治和风俗盛衰的道理,就可以明白如何选择宰相,从而也就懂得了如何才能使人民富起来的道理。

一家哭何如一路哭

嗟呼,范文正有言:"一家哭何如一路哭邪?"

顾炎武主张,惩治贪污必须靠法律手段,有法必依,违法必究。他说对于贪官污吏,《夏书》训以必杀,所以三代的帝王,对于贪官污吏没有不杀的;汉朝的时候,因贪污受贿而被弹劾的官员,或者死在监牢里,或者让其自杀。而唐朝的时候,则大都是在朝堂上将贪官污吏当众打死;宋朝初年对贪污罪的处罚尤为严格,即使有大赦,也绝不赦免贪污犯。

但是,顾炎武也看到,在中国历史上确实有一种带有规律性的现象,即开国之初惩治贪官严厉,而后来就对贪官们采取姑息宽纵的态度了。例如汉武帝使犯法者可以用钱赎罪,还可以用钱粮来买官做,由此导致"官乱民贫","无义而有财者显于世","居官而致富者为雄杰,处奸而得利者为壮士,兄劝其弟,父勉其子,俗之败坏,乃至于是"。而自北宋熙宁年间苏子容上疏言"刑不上大夫"以后,"惩贪之法亦渐

二〇五

以宽"。明太祖严惩贪官,但自燕王朱棣篡位后,"赃吏巨万仅得罢官",姑息又胜于宋朝。

在顾炎武看来,惩治贪污乃是国家的第一要务,而关键在于要严格按法律办事,不能以儒家传统的"刑不上大夫"的名义搞什么"特旨曲宥"。他认为对贪官污吏的放纵乃是对人民的残忍,是对人民利益的残害。

原文

嗟呼,范文正有言:"一家哭何如一路哭邪?"(卷十三《除贪》)

注释

嗟呼:感叹语。

范文正:范仲淹,北宋政治家。

今译

嗟呼,范仲淹说得好:"一家人哭与一路人哭相比,又算得了什么呢?"

法败则法从人

夫法制繁,则巧猾之徒,皆得以法为市,而虽有贤者,不能自用,此国事所以日非也。善乎杜元凯之解《左氏》也,曰:"法行则人从法,法败则法从人。"

顾炎武深刻认识到,法制之所以败坏,在于专制政治本质上是"法从人"的特权人治,而不是"人从法"的法治。专制国家所制定的法律不可谓不多,但就是不可能真正落到实处。所谓"巧猾之徒,皆得以法为市,而虽有贤者,不能自用",就是对这种情形的生动描述。只有"人从法",即每一个人都尊重和服从法律,法律才能真正得到贯彻实施;反之,"法从人",法律成了某些人谋取私利的工具,就只能导致"以法为市"的政治腐败。

专制政治以法从人,还表现在为了维护特权人治,总是以"无失祖制"为理由,拒绝对过时的法律制度加以变革,而只是在原有的法律基础上修修补补,导致"法愈繁而弊愈

二〇七

多",这种情形在晚明表现得最为明显。在顾炎武看来,法律的制定,要么"详就事势,预为变通之地",即能预见社会发展的趋势,预先为法律实施过程中的变通处置留下充分的余地;如果做不到这一点的话,就要善于根据时势的发展变化,而及时变革过时的法律制度,而绝不能采取"立法以救法"的方式,"复立一法"以维护原有的法律。这种"复立一法"以维护原有法律的做法,只给"以法为市"的"巧猾之徒"创造出更加肆无忌惮地营私舞弊的条件;而所谓"无失祖制",只能是"上下相蒙"、自欺欺人而已。

顾炎武的法律思想中还有一个值得珍视的思想因素,即反对特权人治的以例乱法、因例立法。在中国传统社会中,用人行政和司法中的"法"与"例"的关系,与现代司法制度中的"法律"与"案例"的关系不同。现代司法制度中的"案例"是为维护法律的尊严服务的,依法而判决的典型案例成为相同或类似案件判决的重要参考依据,只问案情而不能因人而异。传统社会中用人行政司法中的"法"与"例"的关系则完全相反,是为维护因人而异、言出法随的特权人治服务的,一切都取决于君主的意志或行政长官的意志,法律其实是没有任何尊严的。君主的意志和行政长官的意志既可以因人而异、言出法随,因而"用例破法"者有之,"因例立法"者有之,由此就造成了顾炎武所说的"例行而法废"的结果。

顾炎武的以上论述,对于当今中国的民主法治建设,防止以法为市、以法从人、用例破法等破坏法制的行为,依然具有重要的借鉴意义。

原文

夫法制繁,则巧猾之徒,皆得以法为市,而虽有贤者,不能自用,此国事所以日非也。善乎杜元凯之解《左氏》也,曰:"法行则人从法,法败则法从人。"(卷八《法制》)

注释

以法为市:以法律来做买卖。

杜元凯:晋朝经学家杜预。

《左氏》:《左传》。

今译

法律条文繁多,于是那些巧伪奸猾的人,都可以用法律来做买卖。虽然有严于道德自律的人,也对此无可奈何。这是政治之所以越来越腐败黑暗的原因。杜预注解《左传》时说得真好啊,他说:"法律能真正贯彻的时候,人们都尊重和服从法律;法制衰败的时候,则法律只能服从某人的意志。"

治乱之关在人心

法制禁令,王者之所不废,而非所以为治也,其本在正人心、厚风俗而已。……天下之事,故非法之所能防也。

顾炎武认为,治理天下仅有法律是不够的,还必须重视道德教化的作用。与法律相比,教化是更为根本的;没有教化,法律就会成为一纸空文。

他说秦朝的法律不可谓不详细,秦始皇对法律的实施也不可谓不尽心,乃至到了"天下之事无大小皆决于上"的地步,忙得秦始皇以"衡石量书,日夜有呈,不中呈不得休息",可是结果如何呢? 秦王朝还不是只传了二世就灭亡了吗? 一部《唐律》,可以说是比以往各朝代的法律都更为严密得多了,可是并没有因此而能够挽救唐王朝的灭亡;宋朝的法律又比《唐律》更严密,可以说是到了"禁防纤悉"的地步,也没有能使宋朝免于最终被蒙古人灭亡的命运;至于明朝,也毫不例外地重蹈了历代专制王朝的覆辙。抚今追昔,顾炎武

二一〇

感慨地引证司马迁的话说："昔天下之网尝密矣,然奸伪萌起,其极也,上下相遁,至于不振。然则法禁之多,乃所以为趣亡之具,而愚暗之君犹以为未至也。"

他以这些事实证明,治理国家仅仅凭借法律是无济于事的,没有道德教化的辅助,"禁防纤悉"的法律只能使人"机变日增",造就大批的骑在人民头上作威作福、无恶不作,而又够逃避法律惩罚的奸狡欺诈之徒。

总结中国历史上兴亡治乱的经验教训,他认为道德教化乃是法治的基础,强调"治乱之关,必在人心风俗"(《与人书九》)。他认为人心风俗直接关系到社会的治乱,一种好的社会风气必须通过长期的教化和培养才能形成,而败坏起来却是非常容易。而道德教育首先要从用人行政做起,即"登崇重厚之臣,抑退轻浮之士",认为这是"移风易俗之大要"。当然,由于时代的局限,他还不可能把法制与道德的内在统一关系上升到实行民主法治的高度来认识。

法治的真正实施,是需要一种很高的道德境界的。它首先要求统治者具有让天下人都来监督自己的崇高道德境界,如此才有可能制定出人人有权监督和批评政府、重在防止政府官员犯罪的法律。可是中国历史上哪个统治者会有这样的道德境界呢?顾炎武寄希望于"圣王",但是中国古代的"圣王"有可能具有华盛顿、林肯那样允许人民来监督自己的宏伟气魄和高尚道德境界吗?如果产生不了"圣王",就只能寄希望于广大民众的民主意识的觉醒了。而所有这一切,就不是顾炎武所能梦见的了。

原文

法制禁令,王者之所不废,而非所以为治也,其本在正人心、厚风俗而已。……天下之事,故非法之所能防也。(卷八《法制》)

注释

王者:指帝王。

今译

法制禁令,是治理国家的人所不能废除的,但治理国家又不能全靠法律,根本在于正人心、厚风俗。天下的事情,不是法律所完全能够预防的。

自为

> 民享其利,将自为之,而不烦程督。

几乎人人都知道 18 世纪英国古典政治经济学家亚当·斯密创立了为现代市场经济奠定理论基础的"看不见的手"的理论,却很少知道 17 世纪的中国哲人顾炎武、王夫之等人也提出了类似的学说。

亚当·斯密的理论认为,只要发挥每一个人追求其合理的私人利益的积极性,就自然会形成一种自由竞争的市场经济秩序,政府不应对商业和自由市场进行干涉。其理由是,尽管每个人只想得到自己的利益,但是又好像被一只"看不见的手"牵着去实现一种他根本无意要实现的目的,他们促进社会的利益,其效果往往比他们真正想要实现的还要好;但是如果自由竞争受到阻碍,那只"看不见的手"就不会把工作做得恰到好处;政府对商业和自由市场的干涉几乎总要降低经济效率,最终使公众付出较高的代价。

顾炎武基于对中国社会商品经济发展状况的考察,认识到"民享其利,将自为之,而不烦程督"的经济规律,从而鲜明地提出了"为天子为百姓之心,必不如其自为"的近代经济学命题。他说:"天下之人各怀其家,各私其子,其常情也。为天子为百姓之心,必不如其自为,此在三代以上已然矣。圣人因而用之,用天下之私,以成一人之公而天下治。……故天下之私,天子之公也。"(《郡县论五》)他认为,只有让人民"自为",而不是让那些口称"为天子为百姓"的官员们来"程督"百姓们如何作为,才能最大限度地激发人们勤劳致富的积极性,促进经济的繁荣发展。

对比顾炎武的学说与亚当·斯密的理论,可以发现三点惊人的相似之处:第一,都肯定每一个人追求其私人利益的动机是经济发展的动力;第二,都主张行政权力退出社会经济竞争,认为没有政府的干预,经济会发展得更好;第三,都认为每一个人对其私人利益的追求会促进社会公共利益而不是破坏这一利益。东方专制主义传统的一个重要特征,就是行政权力直接介入和干预社会经济运作,顾炎武能在17世纪中国社会的历史条件下提出这一理论,尤为难能可贵。

人们也许要问,为什么市场经济在英国发展起来了,在中国却没有真正发展起来呢?这一问题实在问得非常好。在专制主义的政治体制下,是不可能有完全意义上的市场经济的。中国社会市场经济之所以没有真正发展起来,只能从以清代明后的历史条件和专制政治严重阻碍市场经济发展来加以说明。不过,不能因为市场经济没有在中国真正发展起来,而否认我们民族也有像顾炎武这样的明白人。

原文

民享其利,将自为之,而不烦程督。(卷十《纺织之利》)

注释

程督:计划和督促。

今译

人民享受到了经济发展带来的利益,就会主动地去从事经济活动,而不需要官员的谋划和督促。

还前代所夺之地价

> 以当代之君而还前代所夺之地价，古人已有之矣。

明代中叶以后中国社会商品经济的发展，把保护私有财产的要求提上了议事日程。顾炎武为了替保护私有财产的主张辩护，努力从古人那里去寻找私有财产不可侵犯的历史依据，而且还真的从历史上个别帝王的作为中找到了依据。

例如，据《隋书·李德林传》记载，隋高祖以山西晋阳的市店八十区赐李德林，店人上表，称这片土地本是老百姓的，是被前一朝代的帝王强夺而去的，于是高祖乃令有关部门偿还这块土地的价值。

他又说，东汉光武帝也做过类似的事情。据《后汉书》，西汉末年天下大乱，公孙述割据一方，无恶不作，谯元的儿子谯瑛为了救父亲，被迫拿钱千万给公孙述，以赎他父亲一条命。谯元死后，天下才平定，汉光武帝即位，谯元之弟谯庆诣阙自陈，光武帝乃下令有关部门把钱还给谯元家。顾炎武借题发挥说,真正以天下为心的帝王,就应当这么做。

对于宋理宗景定年间实行的名为出钱购买、实为强行夺取民田而归官方所有的政策,顾炎武作了愤怒的谴责,认为这是导致南宋灭亡的一个重要原因。他说正是由于宋理宗实行了此项政策,才导致东南六郡民众骚动不安,不久南宋就被蒙古人灭亡了。对于明朝后期实行的承认民间对抛荒官田的实际占有,并依民田例起科的政策,顾炎武持肯定态度。

为了保护私有财产,顾炎武强调,不仅当代之君不得侵犯和剥夺人民的私有财产,即使是被前代之君所剥夺的私有财产,也得无条件地归还给人民。他认为帝王之所谓"以天下为心",既不应是一句空洞无实的漂亮话,也不应当是把天下据为己有的代名词,而应落实到保障每一个人的私有财产上。这一观点是合乎中国社会商品经济发展的要求的。

原文

以当代之君而还前代所夺之地价,古人已有之矣。(卷十《苏松二府田赋之重》)

今译

由当代帝王来偿还被前代帝王所侵夺的土地的价钱,这样的事情在古代就有了。

废除奴婢制度

豪横一清,而四乡之民得以安枕。其为士大夫者,亦不受制于人,可以勉而为善,讼简风淳,其必自此始矣。

中国自古就有奴婢制度。最早的时候是以战俘、罪人及其家属为奴,而后来奴婢的构成则日益复杂。明代的奴婢,大都是一些为了获得官本位体制的荫蔽、自愿卖身投靠的所谓"家人",连同他们的土地和财产一起投靠到官绅豪右之家,这样他们也就获得了免除赋役的特权。此等不顾人格而自愿卖身投靠、且卖身有术者,绝非良善之辈。

中国自古有"恶奴欺主"之说。顾炎武家就有这样一个恶奴,名叫陆恩。顾炎武投身抗清斗争,与在福建的隆武帝和在舟山的鲁王政权都有联系。陆恩看在眼里,早就安下坏心。有一次顾炎武请一位僧人送信去舟山,将信件粘在《金刚经》中,以防止清军搜查。陆恩得知,就花钱从僧人处把这本《金刚经》买到手,以作日后陷害主人之用,顾炎武懵然不知。加上顾炎武不断遭遇"家难",里中的汉奸恶霸地主叶方恒想从中渔利,便唆使陆恩向清政府告密,企图借清廷之手来杀害顾炎武,以侵吞顾家的全部田产。清顺治十二年(1655)五月,顾炎武回到家中,得知陆恩偕其田产投靠叶方恒之事,仍希望其回心转意,但陆恩却要挟道:"《金刚经》上何物也?乃欲诈我乎!"顾炎武大惊,不禁回想起十年前夏完淳给鲁王的上书被清军查获,导致列名其中的四十余名抗清志士被逮捕杀害的惨痛教训,于是当机立断,当天夜里带人将陆恩擒获,怒斥其罪,痛打致死后沉入水中,并将藏有密信的《金刚经》搜出销毁。叶方恒见阴谋破产,恼羞成怒,便与陆恩的女婿一起用二千两银子贿赂清朝的昆山县令,要结果顾炎武的性命;又带了一批地痞流氓,把顾炎武抓了起来,囚禁在陆恩家里,胁迫其自杀。由于好友归庄等人营救,又借助于钱谦益的力量,顾炎武才被从恶霸的私牢里移送昆山县衙,被判"杀无罪奴",要服苦役;随之又从昆山县衙移送松江府,改判为"杀有罪奴",遭杖责后释放。

顾炎武之所以主张废除奴婢制度,不仅因为他吃够了恶奴的苦头,更因为他对中国社会恶奴为害的情形有全面的了解。他说这些投靠为奴的人大都是一些凶恶而又狡诈的人,这种人不仅倚官仗势,为害乡里,而且还反客为主,欺侮主人:"主人之起居食息,以至于出处语默,无一不受其节制。有甘于毁名丧节而不顾者,奴者主之,主者奴之。"这种人之为恶,小则危害家庭:"以色而升,以妻而宠。故上有渔色之主,则下必有烝弑之臣。"大则危害国家:如严嵩的仆人号曰"鹤坡",张居正的仆人号曰"楚滨",都是招权纳贿之徒。

鉴于奴婢制度对社会所造成的严重危害,顾炎武坚决主张废除奴婢制度,并且主张以雇佣劳动制度取代延续了三千年的蓄奴制度。他建议从法律上恢复这些奴婢的良民身份,士大夫之家如果要用仆役的话,就叫他们自己出钱雇募。只有这样,四乡的老百姓才得以安枕,社会上的治安秩序才能好转,民风也才能归于淳朴。从"身份"到"契约"是从传统社会走向近代的必经途径,顾炎武关于废除奴婢制度,并代之以雇佣劳动制度的主张,是合乎社会发展趋势的。

原文

豪横一清,而四乡之民得以安枕。其为士大夫者,亦不受制于人,可以勉而为善,讼简风淳,其必自此始矣。(卷十三《奴仆》)

注释

豪横:指官绅之家豢养的为害乡里的家奴。

今译

只有废除奴婢制度,四乡的老百姓才睡得着觉,士大夫也才能不受制于人，可以勉力做好事。打官司的事情少，民风归于淳朴，必须从这一点做起。

非河犯人

非河犯人，人自犯之。

黄河本是中华民族的母亲河，但却变成了一条经常"横决为害"的河流。究竟是自然本身的变迁造成了生态环境的破坏，还是人为的因素造成了这种破坏呢？

顾炎武根据历史事实证明，黄河流域生态环境的破坏并不是由于自然变迁，而是由于人为的因素造成的："民贪水退之利，而占佃河旁汙泽之地，不才之吏因而籍之于官，然后水无所容，而横决为害。"他以五代、宋、金三史的史料记载说明，山东梁山水泊本有方圆八百里的水面，而到了明末清初，却只剩下方圆十里的面积了，可见黄河流域自然生态破坏之严重，而这种破坏，都是由于人与水争地所造成："非河犯人，人自犯之。"这一精辟概括十分深刻地说明了尊重自然规律对于人类生存和发展的重要意义。

由此想到治理黄河的办法。相传上古时期，舜先任用鲧来治水，鲧采用堵的方法，结果事与愿违；后来任用禹来治

水,禹采用了疏导的方法,才使滔滔黄水安然流入大海。可
是不知从什么时候起,人们又采用堵的方法来治水了,于是
黄河成了一条比开封城还要高出九米的悬河。上世纪50年
代修三门峡大坝,想用堵的方法来造成"圣人出,黄河清"的
千古盛景,结果导致黄水倒灌,淹了富庶的渭河平原。这再
一次证明了顾炎武所说的"非河犯人,人自犯之"的道理。

由此又想到国家的治理。古人是明白"防民之口,甚于
防川"的道理的,可是也与治理黄河一样,历朝历代都采用
堵的方法。堵到后来,就导致了"天街踏尽公卿骨"的大灾
难。人们能不能从历史中获得一点教训呢?

原文

非河犯人,人自犯之。(卷十二《河渠》)

注释

河:这里指黄河。

犯:抵触、侵犯。

今译

不是黄河侵犯了人,而是人自己侵犯了黄河。

无见小利

> 知湖中之水可涸以垦田,而不知湖外之田将胥而为水也。

北宋时有人提出要填太湖造田,当时就有明白人表示反对。有人问,填了太湖,湖里的水到哪里去呢?反对这一做法的明白人就调侃说:"填了一个太湖,再另外挖一个太湖就是了。"于是众人皆大笑。

可是很多人就是不明白这一道理,总是在干着围湖造田的蠢事。顾炎武说:"宋政和以后,围湖占江,而东南之水利亦塞。于是十年之内荒恒六七,而较其所得反不及于前人。"他说围湖占江造田的做法之所以愚蠢,就在于"徒知湖中之水可涸以垦田,而不知湖外之田将胥而为水也"。作为天下财阜之区的锦绣东南之所以自然生态遭到破坏,之所以会"十年之内荒恒六七",就是由于人们贪图一时之小利的愚蠢行为所导致。

顾炎武看到了中国社会的最大忧患在于贫穷,因而主张把发展经济看作是解决中国社会的一切棘手问题的根本和关键;但是,他也告诫人们,"无欲速"、"无见小利",要有长远的眼光,不可"一以急迫之心为之",不可因一时之小利而忘万年之大计。顾炎武的这一观点,对于我们正确处理经济发展与保护自然生态环境的关系、探寻可持续发展的途径,仍然具有重要的现实意义。

如今人们基本上不围湖造田了,而是把城市里的湖泊填了搞房地产开发,因为这远比围湖造田要赚钱得多。可是填了城市里的湖泊,一下大雨,街道也就成了泽国。

无欲速,欲速则不达;无见小利,见小利则忘大害;可是天下又有几人懂得这一道理呢?

原文

知湖中之水可涸以垦田,而不知湖外之田将胥而为水也。(卷十《治地》)

注释

胥:皆,都。

今译

只知道可以把湖泊变成良田,却不知道湖外的良田都将因此而变成湖泊。

二二五

鬼神之情人之情

国乱无政,小民有情而不得申,有冤而不见理,于是不得不诉之于神。

人们为什么会相信鬼神呢?顾炎武认为,鬼神迷信是社会压迫的产物,也与人们对某些自然现象和社会现象无法解释有关。

他认为在世俗的鬼神迷信中,总是寄托着人们的某种感情和愿望:"鬼神之情,人之情也。"(《与人书》)民间之所以盛行鬼神迷信,是统治者的政治昏乱所造成的:百姓有苦不得申,有冤无处诉,才不得不求助于超自然的力量,幻想通过鬼神显灵来惩罚人间的恶势力。不仅普通老百姓如此,就是像屈原那样的仁人志士,在遭到令尹子兰的谗言中伤而无处告白的时候,也只能呼唤五帝的在天之灵来为他洗刷冤屈。

由于自然现象和社会生活的复杂性,人世间的恶势力偶尔也有遭到不明原因报应的时候,于是人们就以为这是鬼神显灵了。由于专制政治实在缺乏可信任度，而所谓"鬼神"又被看作还有偶尔显灵的时候，这就使得人们不再相信人世间执掌赏罚之柄的统治者，转而相信冥冥之中的赏善罚恶的神秘力量了。

那么，为什么儒家的书里也有讲鬼神迷信的内容呢？顾炎武说，这是由于那些善于揣度老百姓心理的儒者们看到人们畏惧鬼神的惩罚甚于畏惧现世的统治者，觉得可以利用这种迷信来为统治者服务，所以也就保留了鬼神迷信的因素。至于宗教的所谓"地狱之说"、"感应之书"，无不是来自原始的鬼神迷信，"皆苗民诅盟之余习也"。

在顾炎武看来，国家政治的昏乱和统治者利用鬼神迷信来愚弄民众，乃是鬼神迷信存在的社会历史根源；而由于人们在一定历史条件下的认识能力的局限性，使得他们不能正确解释某些自然现象和社会生活现象的原因，又是鬼神迷信存在的认识论根源。他认为要使人们不再求助于神，最重要的是要建立一个政治清明的社会。否则，鬼神迷信只会愈演愈烈。

原文

国乱无政，小民有情而不得申，有冤而不见理，于是不得不诉之于神。（卷二《罔中于信以复诅盟》）

国家政治生活,人民有表达诉求、有意见分歧,才让正式报告、士埠。

始皇备匈奴

> 始皇备匈奴,而亡秦者少子胡亥。

顾炎武讲这句话,是为了批判谶纬迷信的。谶纬起源于西周,流行于春秋战国,盛行于秦汉,并且对于汉代以后的中国政治发生了颇为深远的影响。从西汉末年至东汉,社会上流行的纬书就有三十六种之多。汉光武帝刘秀起兵讨伐王莽,就借助了预言他将做皇帝的谶语的力量,来号召民众,收揽人心。刘秀做了皇帝以后,遂于中元元年(公元56年)"宣布图谶于天下",从此谶纬神学成为官方学说。在谶纬神学盛行的时代,也有少数儒家学者保持着"不语怪力乱神"这种常识的健康理性。但谶纬作为一种古老的神秘文化传统,并没有因为进步思想家的批判而销声匿迹,在隋唐宋明时期,它依然对中国的政治和社会生活发生着一定程度的影响力。

顾炎武对谶纬的批判,首先立足于经验主义的论说。他以大量的历史事实证明,谶纬是不可信的,实际发生的历史事实并不以人们对于谶纬的解读为转移。姑举数例。

1.“始皇备匈奴,而亡秦者少子胡亥”。秦始皇听信燕人卢生的谎言,让他前往蓬莱三山为自己寻访长生不老术,但卢生带回的却是一则“亡秦者胡也”的谶语。秦始皇认为谶语中的“胡”是指匈奴,遂令大将蒙恬率三十万大军北伐匈奴,修万里长城,以绝亡秦之患。然而,出乎秦始皇意料的是,导致秦王朝灭亡的并不是匈奴,而是他的小儿子秦二世胡亥。

2.“汉武杀中都官诏狱系者,而即帝位者皇曾孙病已”。汉武帝征和二年(前91年),巫蛊之祸起,太子被迫自杀,其刚出生几个月的孙子病已亦与大量的无辜者一起被投入监狱。过了两年,有“望气者”对汉武帝说:“长安狱中有天子气。”汉武帝遂下令将京城各所监狱中的囚徒全部斩杀。但奉命去郡邸狱中杀人的郭穰及其所部人马却被廷尉丙吉挡在狱门外,丙吉说:“皇曾孙在,他人无辜死者,犹不可,况亲曾孙乎?”双方从夜半一直僵持到天亮,郭穰无奈,只得回去向汉武帝报告。此时汉武帝方有所醒悟,说:“天使之也。”这才赦免了他那只有两岁的曾孙和郡邸狱中的无辜者。这位幸存的皇曾孙病已就是后来的汉宣帝刘询。

3.“唐太宗诛李君羡,而革唐者武后”。唐太宗贞观年间,流行着一则“当有女武王者”的谶语,闹得唐太宗心绪不宁,几乎时刻想着要找出这个行将代唐而兴的“女武王”而诛杀之。找来找去,终于找到了一个名叫李君羡的大臣,此人是武安人,被封为武连郡公,任左武卫将军,负责守卫玄武门,其籍贯、职位全都与谶语中的一个"武"字相关联;唐太宗又请李君羡和各位武官到宫中赴宴,令其各报自己的小名,李君羡自报小名为"五娘子",这就又应了谶语中的"女"字。适逢有人告李君羡将有不轨之举,这更使唐太宗对谶语中所说的"女武王"就是李君羡深信不疑,于是连审都不审,就下令将李君羡诛杀。唐太宗自以为杀了李君羡也就消除了"女武王"代唐而兴的隐患,但他万没有想到后来把唐朝的国号改为周并登上了皇位的,却是他的小妾、后宫才人武则天。

顾炎武以上述事实证明,谶纬只能起到惑乱心志、制造混乱、干扰现实的政治运作的破坏作用。试看历史上那些迷信谶纬的帝王,其中的大多数人都因为误信谶纬而滥杀无辜,而实际发生的历史事变却与他们的主观猜测完全相反,可见谶纬是完全不可信的。

顾炎武认为,天下的治乱,国家的兴亡,是不需要借助于谶纬来知晓的,只需要看统治者对待人民的态度就可以了。他以秦之所以亡、汉之所以兴的历史事实证明,国家的兴亡取决于君主对待人民群众的态度。秦王朝对人民的态度过于残暴,因而激起了人民的反抗,被农民战争的风暴所摧毁;刘邦率农民军入关,攻克咸阳,废除秦朝的残暴法律,与民

"约法三章",又在取得天下之后,实行与民休息的政策,使饱受秦王朝苛政奴役和秦楚之际战乱之苦的广大民众得以休养生息。两者相比,谁将失去天下,谁又能得到天下,不是很清楚吗?既然历史的规律是如此的清楚明了,又何必借助于谶纬的神秘预言来知晓朝代的兴亡更替呢?

原文

始皇备匈奴,而亡秦者少子胡亥。(卷三十《图谶》)

注释

始皇:秦始皇。

今译

秦始皇以大军防备匈奴的进犯,而导致秦朝灭亡的是他的小儿子胡亥。

国风之义

> 《桑中》之篇、《溱洧》之作，夫子不删，
> 志淫风也。……后之拘儒不达此旨，乃
> 谓淫奔之作，不当录于圣人之经。是何
> 异于唐太子弘谓商臣弑君，不当载于
> 《春秋》之策乎？

宋代以来，道学家评论文学作品，"以理为宗"，故对于反映人的感性生活欲求的作品，特别是反映男女情爱的作品"必以坊淫正俗之旨严为绳削"，如朱熹的弟子王柏竟然荒唐到了删《诗经》的地步，就是颇为典型的一例。对此，顾炎武提出了严正的批评。

他从存列国之诗以观民风的观点出发，认为孔子对于列国之诗兼而存之的做法是正确的。《诗经》中的《桑中》之篇、《溱洧》之作，都是反映人民的自由的情爱生活的作品。在文明史的初期，情感与道德理性的冲突，是以在特定的节日中恢复旧时自由的两性关系来补偿的，即使在中国早期儒

家经典中也有这样的记载。《周礼·媒氏》:"中春之月,令会男女,于是时也,奔者不禁。"这种母系氏族公社群婚习俗的孑遗,当时在国中还相当普遍:楚有云梦,宋有桑林,魏有桑间濮上之风,等等,就像是古希腊的酒神节一样。

他不否认《诗经》中的《桑中》、《溱洧》等诗篇是"淫奔之作",但他认为即使是淫奔之作也不是不可以保存,因为要做到"使四方之风有贞而无淫"是不可能的。孔子把反映这种风俗的诗篇保存在《诗经》中,正是为了反映当时社会生活的真实状况。因此,他批评朱熹一派的道学家为"后之拘儒",说他们由于不明白这些道理,才会说出"淫奔之作,不当录于圣人之经"这样的蠢话来,就像唐朝的太子李弘说孔子不该把商臣弑君这件事记载在《春秋》中一样。

原文

《桑中》之篇、《溱洧》之作,夫子不删,志淫风也。……后之拘儒不达此旨,乃谓淫奔之作,不当录于圣人之经。是何异于唐太子弘谓商臣弑君,不当载于《春秋》之策乎?(卷三《孔子删诗》)

注释

《桑中》之篇、《溱洧》之作:《诗经·国风》中的诗篇,以男女情爱为内容。

今译

《桑中》之篇、《溱洧》之作,孔夫子不删,是因为它反映了当时社会的淫荡之风。……后来的拘谨迂腐的儒生们不懂得这一道理,硬要说淫奔之作不当录于圣人之经。这与唐太子李弘说不应当把商臣弑君的事记载于《春秋》之策,又有什么区别?

诗人之趣

> 真希元《文章正宗》，……以理为宗，不得诗人之趣。

    如果说顾炎武对孔子保存"淫奔之作"的肯定还只是立足于诗歌所具有的"观民风"的认识功能而言的话，那么，他对宋儒真德秀删削《古诗十九首》的批评，就主要是立足于诗歌的"情感—审美"本质来立论了。

    他认为《古诗十九首》是对《诗经》"国风"之义的继承，反映了"汉代之风"。其中所反映的人们的情感和追求，都可以在《诗经》中找到，如"牵牛织女"意仿《大东》，"兔丝女萝"情同《车辇》等等；人们不仅可以从《古诗十九首》中看到汉代的风俗，汉代人的情感生活，而且可以从《古诗十九首》与《诗经·国风》的比较中看到那永远也不可泯灭的古今人性的相通之处。可是真德秀却以程朱理学的"天理"作为衡量文学的标准，连《古诗十九首》这样优美的诗歌也要被排斥于道学家的所谓"文章正宗"之外，所以顾炎武批评其不

得诗人之趣，

顾炎武进而指出，即使对于六朝的文学作品，也不能用道学家的标准去衡量，"六代浮华，固当芟落，使徐、庾不得为人，陈、隋不得为代，无乃太甚？岂非执理之过乎！"徐陵、庾信是六朝梁陈时期的诗人，艳诗写得特别好，文采流丽，注重用典，世称"徐庾体"或"宫体诗"。在顾炎武看来，徐庾体虽有"浮华"之弊，但仍不失国风之义，在中国文学史上自有其应有的地位，是不能像道学家那样把它们一棍子打死的。

鲁迅先生说得好："情感已经冰结的道学家对于诗人往往会作出隔膜的揶揄和谬误的判断。"在这一点上，顾炎武对于道学家的批评与鲁迅的观点几乎是完全一致的。文学作品怎么能用道学家的标准来衡量呢？钱锺书先生说得更妙。他说上帝要惩罚人类，或者来一次饥荒，或者来一次瘟疫，或者给他们一个道学家。

原文

真希元《文章正宗》，……以理为宗，不得诗人之趣。（卷三《孔子删诗》）

注释

真希元：真德秀(1178—1235)，字景元，后更为希元，福建浦城（今浦城县晋阳镇）人，本姓慎，因避宋孝宗讳改姓真。学者称西山先生。南宋著名理学家，著有《西山文集》、《大学衍义》等书。

今译

真德秀编的《文章正宗》一书,……以程朱理学的"天理"作为衡量文学的标准,不得诗人之趣。

女子的容貌与德行

> 古者妇有四德，而容其一也，言其容则德可知矣。

早在春秋时期，就有"女子无貌便是德"之说。《左传·昭公二十八年》记载，叔向之母反对叔向娶一位美貌的女子为妻，说："吾闻之，甚美必有甚恶。……且三代之亡，共子之废，皆是物也。"《国语·晋语一》也记载了史苏论女戎的一句话，说："虽好色，必恶心。"他们都认为，女子姿色姣美者，其心必恶。宋明道学家继承了这一观点，对于《诗经》中描写女性容貌美的作品极为忌讳，往往对这些诗篇加以曲解。《诗经·国风·何彼秾矣》一诗，是专门描写女性的美丽的，就被道学家说成是"讥刺"之作。

对于道学家的观点，顾炎武作了严正的驳斥。他说古人是非常重视女性的容貌美的，把容貌作为妇女的四德之一，刘向《说苑》引《尚书》"五事"亦云："一曰貌，貌者……妇人之所以姣好也。"古人还以描写女子的容貌姣美、姿色艳丽

二三九

来象征妇女美好的德行,所以《诗经》中的《硕人》篇描写其君夫人的美丽简直是无所不极其形容,《野有死麕》篇也赞美"有女如玉"。秦汉隋唐时期,"女子无貌便是德"的观念还不占统治地位,所以赞美女人姿色的诗篇和文章仍然得以大行于世,如江淹的《丽色赋》、张说的《唐昭容上官氏文集序》等,就是十分著名的篇章,即使在十分庄重的碑文中也是如此。哪里像宋代以下之人,以描写女人的姿色为忌讳呢?

道学家的道德修养达到了对女性的容貌美不敢正视、反而感到恐惧的地步,这种修养工夫的结果实在是令人失望的、可悲的,正常人是不会如此怯懦的。不过从学理上来说,道学家认为有貌便无德,顾炎武认为有貌就有德,都是走极端的说法,因而两者都是片面的。人的容貌是先天的,德行则是后天的,先天的容貌不能决定后天的德行。容貌与德行可能有一致的情形,但大量存在的可能还是不完全一致的情形,对此是要作具体分析的。

原文

古者妇有四德,而容其一也,言其容则德可知矣。(卷三《何彼秾矣》)

注释

四德:妇德、妇言、妇容、妇功。

容：容貌。

今译

古时候妇女有四德，而容貌是其中之一，言其容貌则德行也就可知了。

乐亡而诗亦亡

> 诗之与乐判然为二，不特乐亡，而诗亦亡。

　　顾炎武对于文学艺术的"情感—审美"本质的认识，还表现在他对中国古代诗、乐、舞之结合这一艺术特征的高度推崇方面。他认为中国的文学艺术原本有一个非常优秀的特色，即诗歌与音乐、舞蹈的结合，为这一优秀特色在后世的逐渐消失而深感惋惜。

　　他说在《诗经》的时代，诗歌是与音乐和舞蹈紧密结合在一起的，人们用诗歌来表达自己的思想感情，载歌载舞，充满了生活的欢悦气氛；"亦有自鼓而自歌，孔子之取瑟而歌是也"，人们自由地表达自己的情感，何等富有生活的朝气！汉朝以后，文人所作的五言诗与音乐相分离，但仍然有诗与乐结合在一起的"乐府"诗，在"乐府"诗中，诗歌依然与音乐和舞蹈紧密结合在一起。古人有以音乐的曲名来作为诗的题目的，也有以舞蹈的名称来作为诗的题目的。但唐以后出现了舞蹈与诗的分离,宋以后又出现了音乐与诗的分离。音乐本来是服从和服务于诗歌所表达的思想感情的;可是今人则相反,不是以乐从诗,而是以诗从乐,强使内容服从形式,而不是使形式服从和服务于内容。诗歌的"情感—审美"本质被形式主义所遮蔽,诗歌的抒发情志的审美功能也被大大削弱了。

据任继愈先生的考察,唐朝人在宴会上亦多有即兴赋诗、载歌载舞的情形,只是由于宋明道学占据了统治地位以后,人们的个性遭到压抑,文人学者们戴上了一副道学的面具,才不再有盛唐时代那种充满了生活情趣的意气风发的景象了。这是文艺领域值得总结的历史教训。

原文

　　诗之与乐判然为二,不特乐亡,而诗亦亡。(卷五《乐章》)

今译

　　诗歌与音乐的截然分离,不仅导致了音乐的衰落,也导致了诗歌的衰落。

识别假话的艺术

> 爱恶相攻,远近相取,情伪相感,人心之至变也。于何知之? 以其辞知之。

顾炎武既强调"诗本乎情"、"诗主性情",所以特别重视情感之抒发的真实无欺。他说末世人情弥巧,说假话、作假文、写假诗而不知羞愧。如何鉴别其人其言之真伪呢? 顾炎武说:"世有知言者出焉,则其人之真伪即以其言辨之,而卒莫能逃也。"

他说文学作品中思想感情的真实流露必有其相应的语言特征。《黍离》篇的作者,怀念故国,"始而摇摇,中而如噎,既而如醉",最后无可奈何而付之苍天,这正是一位亡国大夫的心情的真实表现;屈原被楚怀王放逐后,秦军攻陷郢都,此时屈原心烦意乱,以至于诗中出现了"言之重,辞之复",甚至"其词不能以次"的现象,可这恰恰是屈原当时的真实心态;陶渊明满怀对故国的深情,但又无力回天,所以其在隐居之中所作的诗,虽然常常给人以"淡然若忘于世"的感觉,但亦有"感愤之怀有时不能自止,而微见其情者",这也是他的内心情感的真实表现。

与此相应,那些作假文、说假话、写假诗的人,他们的那些欺伪的言词也有其相应的语言特征。无论这些人如何工于掩饰,善于作伪,也不能不让人看出破绽。他说那些急于自我表白的人,大都是做了亏心事的人;心中有鬼、首鼠两端的人,其文辞必然游移不定,缺乏鲜明的立场和观点;奸佞之徒在诬陷好人时,必定会因缺乏证据而闪烁其辞。昔人有言,眼睛是心灵的窗户,心术不正,也必然会从眼神上表现出来。

明末清初的社会剧变,顾炎武经历了无数的忧患,两入牢狱,亲眼目睹了形形色色的人在这场历史剧变中的面目,所以,他才能对识别各色人等的言辞、文辞的真伪有如此明白透彻的认识。

原文

爱恶相攻,远近相取,情伪相感,人心之至变也。于何知之?以其辞知之。(卷一《凡易之情》)

注释

辞:文辞,词章。

今译

爱与恨相互攻伐,疏远与亲近相互转化,真情与矫情相互交织,人心的变化真是复杂啊。怎么才能识别情感的真假呢？可以从人的文辞和语言中识别。

诗主性情

> 古人之诗,有诗而后有题;今人之诗,有题而后有诗。有诗而后有题者,其诗本乎情;有题而后有诗者,其诗徇乎物。

从诗歌的"情感—审美"本质出发,顾炎武论述了文学的内容与形式的关系,提出并论证了"诗主性情,不贵奇巧"的深刻命题。

所谓"有诗而后有题",说的是触景而生情,因情而作诗,然后再给诗歌起一个题目;所谓"有题而后有诗",则恰恰相反,是先起一个题目,然后搜索枯肠,勉强成章。前者表达的是自己的真情实感,是自然而然的真情流露;而后者则不然,由于题目是预先确定的,无论所歌咏的对象是花草树木,还是山水名胜,诗人就只能按照给定的某种事物来发挥其想象力。在这种情况下,艺术创作的自由本质不见了,不是诗人的情感来驱使外物,而是用外物来限制诗人的情感发抒,这样写出来的诗,就叫做"诗徇乎物"。

他认为诗歌的用韵要服从情感的自由抒发,主张"以韵从我",反对"以我从韵"。他说从殷周时代的《诗经》到魏晋时期的诗歌,都是以声韵服从于情感的自由抒发,所以用韵非常自由,诗的句子多了,就自然而然地转韵,而不是勉强一韵到底。可是南朝宋、齐以下的情形就不同了,出现了强用一韵到底的情形。在顾炎武看来,这种形式主义的诗风是不值得提倡的:"立意以此见巧,便非诗之正格。"

顾炎武关于"诗主性情,不贵奇巧"的论说,揭示了文学作品的内容与形式的辩证关系,有力地批判了中国历史上源远流长的形式主义诗风。他所论述的诗歌之声韵要服从于内容的表达和性情之发抒的观点,以及他对中国古代诗歌创作的经验总结,对于中国当代的诗歌创作,仍具有理论借鉴的意义。

原文

古人之诗,有诗而后有题;今人之诗,有题而后有诗。有诗而后有题者,其诗本乎情;有题而后有诗者,其诗徇乎物。(卷二十一《诗题》)

注释

徇:依从,曲从。

今译

古人的诗,是先有诗而后有题目;今人的诗,是先有题目而后有诗。先有诗而后有题的,其诗本乎真实的感情;先有题目而后有诗,其诗曲从乎外物。

文章之病全在摹仿

近代文章之病全在摹仿,即使逼肖古
人,已非极诣,况遗其神理而得其皮毛
者乎?

明代中叶,李攀龙、王世贞主持文坛,提倡"文必秦汉,
诗必盛唐",一时拟古之风大炽。顾炎武的乡先辈归有光
"扫台阁之庸肤,斥伪体之恶浊",徐渭、袁宏道等人接踵而
起,以其新兴气锐的文字,对复古文风展开全面批判。其
"不拘格套,独抒性灵"的创作主张,赢得了一大批少年英俊
豪举之士的热烈响应,使晚明文坛出现了"芽甲一新,精采
八面,丽典新声,络绎奔会"的创作新局面。

然而,随着以清代明的历史回流,文坛上的复古文风又
有再度回潮的迹象。在这一新的历史条件下,顾炎武继承了
晚明学者对明代文坛的复古文风的批判,对复古主义文风展
开了更为深入彻底的批判。他说效法《楚辞》者,必不如《楚
辞》;效法枚乘《七发》的,必不如《七发》。一味模仿前人,也

就限制了自己创作才华的发挥,陷入邯郸学步的精神误区。只有文章的立意能"出古人范围之外",才能说是具有独创性的。

他要使学者的心智的创造力和创作个性从模仿古人的偶像崇拜中解放出来。他规劝一位诗学杜甫、文学韩欧的友人说:"君诗之病,在于有杜;君文之病,在于有韩欧。有此蹊径于胸中,便终身不脱依傍二字。"他认为杜甫之诗,韩愈、欧阳修之文,当然都有很高的造诣,甚至是那个时代的不可企及的典范,然而却不可以作为后世模仿的对象,一来所处的时代不同,二来学者亦有其个性差异,纵然模仿得极像,不过是得其皮毛而遗其神理的假古董而已,这就毫无价值可言了。

顾炎武不仅反对模仿古人,也反对青年模仿自己的诗作。他批评一位模仿他的诗作的青年学者,说这样做的结果"无乃失寿陵之本步"。进而又勉励这位青年:"惟自出己意,乃敢许为知音者耳。"(《与人书十六》)这充分显示了顾炎武对他人的创作个性的尊重。

原文

近代文章之病全在摹仿,即使逼肖古人,已非极诣,况遗其神理而得其皮毛者乎?(卷十九《文人摹仿之病》)

注释

近代:指宋明以来。

今译

自宋明以来,文章的弊病全在于模仿,即使模仿得非常像古人,也已经不能说是最高的造诣了,何况模仿常常是遗其神理而仅仅得其皮毛呢?

诗体代降

> 诗文之所以代变，有不得不变者。

顾炎武认为，无论是文学的体裁，还是语言文字的风格，都是随着时代的变化而变化的。今天人写的文章不能再变成西汉和东汉时代的风格，就像西汉和东汉学者所写的文章与《尚书》《左传》的风格不同一样。正因为两汉学者不模仿《尚书》《左传》的体裁和风格，所以才有两汉文学的辉煌。

他认为文学的发展也与社会的发展一样，有其内在规律：从《诗经》到《楚辞》，从楚辞到汉赋，从汉魏的五言诗到六朝的骈体文和"徐庾体"，再到唐朝的诗歌和古文复兴运动，是一个"诗文代变"的必然的历史过程，犹如社会发展过程中一定要贯彻下去的必然趋势一样。这就决定了一个时代有一个时代的文学，不同时代的文学有不同的体裁和艺术风格。其不得不变的原因就在于，"一代之文沿袭已久，不容人人皆道此语"，而时代的变化则呼唤着新的语言艺术形式。既然人们心灵中所要表达的思想感情都已经发生了变化,新的文学体裁亦已产生,文人学者们还要模仿古人的语言来写作,也就十分迂腐可笑了。

当然,顾炎武并不否认文学的体裁、语言和艺术风格有其历史继承性,但他更强调发挥人们的创造性。在这里,继承与创新二者是辩证统一的:以诗歌创作为例,完全不顾传统的文学体裁和规范,一味追求"不似",就会"失其所以为诗";而一味模仿古人,"似"则似矣,然而则"失其所以为我","我"不见了。因此,真正的创作必须善于处理继承与创新的辩证关系,在"似"与"不似"之间保持必要的张力。

原文

诗文之所以代变,有不得不变者。(卷二十一《诗体代降》)

注释

代变:随着时代的变化而变化。

今译

诗文的体裁和风格之所以一代与一代不同,自有其不得不变的原因。

文章无定格

> 文章无定格,立一格而后为文,其文不足言矣。

　　顾炎武意识到,士风之所以日下,文风之所以萎靡,是与专制帝王推行"使天下英雄皆入吾彀中"的统治术相联系的。所以,他坚决反对专制统治者以所谓"定格"来束缚文人学者的思想和才华,呼唤勇于冲破束缚的"俊异之才"和自由表达思想的优秀作品。

　　他认为文章本无定格,凡是能够"独出千古"的好文章,都是不受任何格式束缚、自由表达自己思想的论说。他说汉朝的晁错、董仲舒、公孙弘的对策,之所以写得好,就在于汉朝并没有给读书人如何写文章规定任何的"程文格式"。而唐朝以后就不同了。唐以诗赋取士,宋以论策取士,明朝以八股文取士,所有这一切,都有一定的格式,而且格式的规定愈来愈严,对于人们思想的束缚也愈来愈大。在这种格式的严格束缚下,读书人把主要的精力都花在琢磨时文的写作技

二五五

巧和格式上了,哪里有心思关注国计民生和研究真正的学问;而善于取巧的人只要背诵几十篇八股文,临场时把现成的八股文句东拼西凑、抄撮成篇,就可以金榜题名了。如此,读书人又怎么写得出真正有思想、有见识、有才华的好文章来?

因此,顾炎武认为,只有彻底破除束缚人的思想的程文格式,让人们自由地表达自己的思想感情和创作个性,才能改变文坛上江河日下的腐朽风气,造就不同凡俗的俊异之才,产生独出千古、具有不朽价值的好文章。

原文

文章无定格,立一格而后为文,其文不足言矣。(卷十六《程文》)

注释

定格:固定的格式。

今译

文章没有固定的格式,预先设定一个格式然后写文章,其文章的水平必定是不值得一谈的。

立言不为一时

> 天下之事,有其识者,不必遭其时;而当其时者,或无其识。然则开物之功,立言之用,其可少哉。(卷十九《立言不为一时》)

中国古人重"时"。但对于"时"的不同理解却可以引申出完全不同的人生态度,对于以"立言"为安身立命之宗旨的文人学者来说,就会产生两种完全不同的写作态度。一种是,统治者需要什么,就写什么,以此换取功名利禄。八股文之所以被称为"时文",原因就在于此。另一种态度是,面对专制统治者倒行逆施、无耻文人助纣为虐的昏天黑地,以沉着坚定的目光,透视时代发展的必然趋向,为解决时代的发展所提出的问题而思考、而写作,而不管这样做是否能给自己带来现实的利益。

顾炎武主张"立言不为一时"。他说:"天下之事,有言在一时,而其效见于数十百年之后者。"如孔子说"行夏之

二五七

时"，即采用夏朝的历法，当时不能实行，但到了三百多年以后的汉武帝太初元年却实行了；三国时司马朗有实行均田制的论说，当时未能实行，但百年之后的北魏就实行了。那些活着时很受统治者赏识的人，往往是一些无见识的阿谀奉承之徒；而那些有独立的思想见识的人，却往往是生不逢时，免不了要遭到种种的坎坷、挫折，甚至迫害。但真正对于国家和民族有益、具有"开物之功，立言之用"的价值的，正是那些具有独立的思想见识却不被短视的统治者所赏识的人。

在中国历史上，体制内思想精英与政治精英的矛盾，历来都表现得非常突出。思想家之所以为思想家，正在于他们的思想并不是跟在政治家后面亦步亦趋的，他们要以自己的思想引领政治家前进，这是思想家存在的真正价值之所在。如果思想家只能跟在政治家后面亦步亦趋，以政治家的思想为思想，那就失去了思想家的存在价值，所谓思想家也就不成其为思想家，而只是司马迁所嘲讽的"为主上所戏弄、倡优畜之"的弄臣了。顾炎武强调学者们应有自己的独立思想，正是他的见识的不同凡俗之处。

原文

天下之事，有其识者，不必遭其时；而当其时者，或无其识。然则开物之功，立言之用，其可少哉。（卷十九《立言不为一时》）

注释

遭：逢，遇。

今译

天下的事情,有见识的人,往往生不逢时;逢其时的人,又往往无见识。然而要推动社会的发展,又怎么少得了真正有见识的言论呢?

立言贵在独创

其必古人之所未及就,后世之所不可
无,而后为之,庶几其传也与?

纵观历史,顾炎武强调,学者立言,贵在独创。他说先秦
诸子,如孟、荀、老、庄、管、商、申、韩等人,皆能自成一家之
言,因而具有不朽的价值。而像《吕氏春秋》、《淮南子》这样
的"取诸子之言汇而为书"的著作,就只能称之为杂家。至
于那些应景之作、应酬之作、随声附和之作,则只能称为"芜
累之言"。用今天的话来说,就叫文字垃圾。

顾炎武强调,学者著书,要著前人没有著过,而后世所不
可缺少的书。只有这样的书,才能成为传世之作。这就需要
学者具有自己独立的思想,有"立言不为一时"的自由人格,
充分发挥其创造潜能,来表现自己独特的思想见识,以及作
为一个独一无二的个体的创作风格和个性特征。

顾炎武还对学界盛行的"急于求名"的浮躁学风作了中
肯的批评。他以司马光著《资治通鉴》、马端临著《文献通

考》为例，来说明古人著书皆以一生精力成之，所以才能成为后世所不可无的作品。但即使像这样以毕生精力所写成的著作，也难免会有舛漏之处。后人把写书看得太容易，又急于求名，所以写起书来既快又多，其结果必然是"愈多而愈舛漏，愈速而愈不传"。急于求名，目的还是求利，以求利为目的，怎么能写出好书呢？

顾炎武还认为，"人之患在好为人序"。一些人汲汲于求名，生怕自己的著作不为人所知，所以就千方百计地请名流学者为之作序，以便使其文章或著作"托于人以传"。而好为人序者则妄为优劣之辨，多设揄扬之辞，所说的话未必发自本心。对于有的人为了讨好达官贵人而请他们作序这种现象，顾炎武特别反感。他说达官贵人中真正配得上为学者的著作写序的人并不多，其中多有"不学而好多言"的沽名钓誉之徒。顾炎武认为，只有对那些确有独到见解而有所发明的著作，才应为之作序，予以表彰："凡书有所发明，序可也；无所发明，但记成书之岁月可也。"

顾炎武的以上论说，处处表现了反对文坛上的钻营奔竞、投机取巧的腐朽学风，尊重独立的思想和创造的精神，表现了对天下万世负责的崇高历史责任感。这种精神情怀，是值得予以继承和弘扬的。

原文

其必古人之所未及就，后世之所不可无，而后为之，庶几其传

也与？（卷十九《著书之难》）

注释

庶几:连词,表示在上述情况下才能避免某种后果或实现某种希望。

今译

必须写古人所没有来得及写,而后世之所不可没有的书,这样的书或许会成为传世之作。

器识

士当以器识为先。

文学作为人的精神的对象化活动的产物,是直观文人学者的主观精神气质的一面镜子。文人学者的胸怀是否宽广,眼界是否高远,气度是否恢弘,心术是否纯正,品行是否正派,见识是否深刻,才华是否卓著,如此等等,都会或多或少地反映到文学创作中来,这就是所谓"文如其人"的道理。文人们能否写出好文章,首先并不在于才气和写作的技巧,而在于是否具有高卓的精神境界、博古通今的学识和无私无畏的道德担当的勇气。

针对晚明华而不实的文风,顾炎武提出了他的"器识"论,强调"士当以器识为先"。这一命题直接来自宋朝的刘挚。而刘挚的说法又来自唐朝人裴行俭讲的"士之致远,先器识而后文艺"这句话。但他们三人所讲的"器识",内涵却有很大的不同。

《旧唐书》说吏部侍郎裴行俭能够预测他人的官运是否

亨通。他一见到王勮和苏味道,就说这两个人官运不错,但他对后来被称为"初唐四杰"的王勃、骆宾王、杨炯、卢照邻等人的预测却不佳,说:"士之致远,先器识而后文艺。勃等虽有文才,而浮躁浅露,岂享爵禄之器耶?"后来这些人的命运果然都应了裴行俭所说的话。裴行俭这里所说的"器识",是在官场上飞黄腾达的"器识"。

刘挚所讲的"器识"就与此完全不同了。刘挚认为,只有"性忠实而才识有余"者方能称得上有"器识"。而顾炎武所讲的"器识",又比刘挚所讲的"器识"具有了更为丰富的内容。他认为读书人应该具有经学的素养,还应该具有博通古今的史学素养,不能只会写文章,而应关心社会,关心时事政治,具有从事现实的社会实践的能力。只有合乎上述标准,才算是有"器识"。

从"士当以器识为先"的观点出发,他十分强调读书人一定要有血性、有思想、有骨气。他说:"苟其人性无血,心无窍,身无骨,此尸行而肉走者矣。即复弄月嘲风,流连景物,犹如虫啾蛙唧,何足云哉!"

原文

士当以器识为先。(卷十九《文人之多》)

今译

读书人应该把有器识放在首位。

文须有益于天下

> 文之不可绝于天地间者,曰明道也,纪政事也,察民隐也,乐道人之善也。若此者有益于天下,有益于将来,多一篇,多一篇之益矣。

特别重视文学的社会使命和责任,是顾炎武文学创作理论的一大特色。他认为要使文学能够承担起自己的社会使命和责任,就必须造就具有非凡"器识"的学人。因此,他提出了"文须有益于天下"的创作主张,呼唤文学家的道德担当的勇气和社会批判精神。在顾炎武看来,这天下已经是够腐朽黑暗的了,学者们绝不应粉饰腐朽黑暗的现实,为腐败的社会风气推波助澜,而应继承中国文学的批判现实主义传统,高扬《十月之交》诗人之义"的批判精神,勇于揭露和抨击社会的黑暗现象。然而,怎样才能真正体现"文须有益于天下"这一创作宗旨呢? 对此,顾炎武作了深入的阐述。

他说读书人首先应该有伊尹、太公、孔子的"救民于水火之心",注重解决时代发展所提出的问题,而不应该脱离实际、脱离实践。他说学者虽然不能像政治家那样直接从事各种社会活动,但却可以像孔子一样,以自己的思想和学说来指导政治家的社会实践,让政治跟着学术走,而不是以自己的文章去迎合统治者的一时的政治需要。他继承了柳宗元所倡导的"文以明道"的传统,主张以文章来"明道教人",以政治家为教导的对象,以发挥其指导社会实践的作用。而要做到这一点,就要敢于直面社会现实,反映民生的疾苦和人民的心声,对"当世之所通患"进行揭露和批判,并提出自己的政治主张或解决现实的社会问题的方案。

他主张写文章要"乐道人之善",但坚决反对不切实际地歌功颂德,更反对写"谀佞之文"。在传统社会中,读书人为求闻达富贵,往往要通过给达官显贵上书的途径。这种"投知求见之文",通常对达官显贵极尽阿谀奉承之能事,甚至有全然不顾事实而为大贪官歌功颂德者。顾炎武以韩愈为例来说明这一点。

唐顺宗永贞元年,京畿大旱,韩愈作《上京兆尹李实书》,对李实处理这次灾荒的"政绩"大加赞美,说他"赤心事上,忧国如家"。其实,李实乃是一个十分贪婪和残暴的大贪官,韩愈所写的这段颂扬李实的话,乃是他为了得到李实的赏识和提携,而随意编出来的。不久,唐朝发生了永贞革新,李实首当其冲地被贬为通州长史,韩愈作《顺宗实录》,

对李实如何处理永贞元年京畿地区的灾荒又作了与《上京兆尹李实书》完全相反的描述，说李实对于灾荒"不以介意，方务聚敛征求……人穷至坏屋卖瓦木，贷麦苗以应官"，又说李实"勇于杀害，人吏不聊生"。两篇文章对同一个人同一件事的说法判若霄壤。

顾炎武把韩愈的这两篇文章对李实的描写加以对比，来告诫那些一心想得到达官显贵赏识的读书人，千万不可昧着良心地说那些"文非其人"的瞎话，否则就会成为笑柄。在顾炎武看来，身为读书人，其实每一个人都在以自己的言论和行为书写着自己的历史；一个人固然可以厚颜无耻到不顾舆论谴责和耻笑的地步，难道就不怕被钉在历史的耻辱柱上吗？他以历史上的一些著名学者因为畏惧权势而作献媚文章"为正直所羞"并见讥于后世的事实，来告诫读书人宁可遭遇祸患也不可丧失人格而蒙受作献媚文章的奇耻大辱。

原文

文之不可绝于天地间者，曰明道也，纪政事也，察民隐也，乐道人之善也。若此者有益于天下，有益于将来，多一篇，多一篇之益矣。（卷十九《文须有益于天下》）

今译

文章之所以不可绝于天地之间，是因为它可以阐明宇宙人生的根本道理，记录重大的政治事件，反映民生的疾苦，表彰人们的美其谦让,这样的义兄有七八个,有义士林来,多一个不多,多一个不少。

诗人之义

> 杜甫《丽人行》:"赐名大国虢与秦,慎莫近前丞相嗔。"近于《十月之交》诗人之义矣。

中国的文学家历来有两种传统,一种是为专制统治者歌颂升平、粉饰黑暗的传统,另一种是揭露和抨击社会黑暗现象的现实主义传统。中国历代正直的学者和文学家,都是富于社会批判精神的后一种传统的代表者。

传统诗教的"温柔敦厚"之义,要求人们纵然对社会现实不满,也必须做到"怨而不怒,哀而不伤"。可是顾炎武却有不同看法,他以《诗经》中批评师尹、批评周幽王和周厉王、批评皇父卿士和番维司徒的诗句表明,《诗经》中多有"直斥其人而不讳者",而古人却"不以为嫌";而屈原在《离骚》中亦直斥楚怀王的少弟司马子兰和大夫子椒,杜甫在《丽人行》中亦直斥唐玄宗因宠爱杨贵妃而重用其兄杨国忠,并封其姐妹为虢国夫人和秦国夫人的昏庸行为,认为这正是深得《诗经·小雅·十月之交》之"诗人之义"的表现。至于孔稚珪的《北山移文》和刘孝标的《广绝交论》等等,对当时的达官显贵或明斥,或阴讥,或规劝,或讽喻,皆直抒胸臆,畅言无忌。对此,顾炎武都认为"此皆古人风俗之厚"的表现,不似当今文人学者对权势者谄媚工诙,对无权势者冷眼相看的浇薄。

唐朝大诗人白居易以写作政治讽谕诗著称,以致"执政者扼腕,握军要者切齿,权豪贵近相目而失色"。而顾炎武则认为白居易是真正懂得"作诗之旨"的人。他认为富于社会批判精神的作品,才是真正有益于社会的作品,它体现着作者高贵的人格,因而值得珍视;而那些为专制统治者歌颂升平、粉饰黑暗的作品,只能对社会有害,亦足见作者人格之卑劣,只能为人们所唾弃。

顾炎武最痛恨读书人作向权势者献媚的文章,对这一卑劣的行为加以愤怒的鞭挞和无情的谴责。他说在世俗的眼光看来,只有那种八面玲珑、四面讨好、工于向权势者献媚的读书人,才能被称为"通人";但这种所谓"通人"其实是"天下至不仁之人",是厚颜无耻的人,是丧失了人之所以为人的基本品格的人,是败坏社会道德风气的人。他认为只有具有"天下之大勇"的真正的志士仁人,才能抵御这种恶劣的学界风气,而这正是真正的学者所应该具有的道德人格。

原文

杜甫《丽人行》:"赐名大国虢与秦,慎莫近前丞相嗔。"近于《十月之交》诗人之义矣。(卷十九《直言》)

注释

赐名大国虢与秦:指唐玄宗册封杨贵妃的姐妹为虢国夫人和秦国夫人。

丞相:指杨贵妃的哥哥杨国忠。

嗔:怒。

今译

杜甫《丽人行》诗中说:"赐名大国虢与秦,慎莫近前丞相嗔。"近乎《诗经·十月之交》作者的批判精神。

索引

A

爱恶相攻,远近相取,情伪相感,人心之至变也。于何知之?以其辞知之。(卷一《凡易之情》) 245

八股之害等于焚书,而败坏人材有甚于咸阳之郊所坑者,但四百六十余人也。(卷十七《出身授官》) 163

B

保国者,其君其臣,肉食者谋之;保天下者,匹夫之贱与有责焉耳矣。(卷十三《正始》) 131

北方之人,饱食终日,无所用心;南方之人,群居终日,言不及义,好行小慧。(卷十三《南北学者之病》) 89

北齐宰县,多用厮滥。五代选令,必皆鄙猥之人。自古以来,以社稷民人寄之庸琐者,未有不败事者也。以今准古,得无同之。(卷九《知县》) 152

陛下犹言执事,后人相沿,遂以为至尊之称。(卷二十四《陛下》) 175

C

陈寿作《三国志》……改汉为蜀,……异代文人不察史家阿枉之故,若杜甫诗中便称蜀主,殊非知人论世之学也。(卷二十四《主》) 53

诚知大臣家事之丰约,关于政化之隆污,则可以审择相之方,而亦得富民之道矣。(卷十三《大臣》) 204

D

杜甫《丽人行》:"赐名大国虢与秦,慎莫近前丞相嗔。"近于《十月之交》诗人之义矣。(卷十九《直言》) 272

法令日繁,治具日密,禁防束缚至不可动,而人之智虑自不能出于绳约之内,故人才亦以不振。(卷九《人材》) 142

法制禁令,王者之所不废,而非所以为治也,其本在正人心、厚风俗而已。……天下之事,故非法之所能防也。(卷八《法制》) 213

F

非河犯人,人自犯之。(卷十二《河渠》) 224

夫法制繁,则巧猾之徒,皆得以法为市,而虽有贤者,不能自用,此国事所以日非也。善乎杜元凯之解《左氏》也,曰:"法行则人从法,法败则法从人。"(卷八《法制》) 210

夫子教人文行忠信,而性与天道在其中矣。(卷七《夫子之言性与天道》) 37

G

盖天下之理无穷,……故昔日之得不足以为矜,后日之成不容以自限。(《初刻自序》) 2

古人每事必祭其始之人,耕之祭先农也,桑之祭先蚕也,学之祭先师也,一也。(卷十四《嘉靖更定从祀》) 74

古人为赋,多假设之辞。序述往事,以为点缀,不必一一符同也。……而《长门赋》所云,陈皇后复得幸者,亦本无其事。俳谐之文不当与之庄论矣。(卷十九《假设之辞》) 61

古人之诗,有诗而后有题;今人之诗,有题而后有诗。有诗而后有题者,其诗本乎情;有题而后有诗者,其诗徇乎物。(卷二十一《诗题》) 248

古人作史,有不待论断,而于序事之中即见其指者,惟太史公能之。(卷二十六《史记于序事中寓论断》) 64

古者妇有四德,而容其一也,言其容则德可知矣。(卷三《何彼秾矣》) 240

古之时,庸医杀人;今之时,庸医不杀人,亦不活人,使其人在不死不活之间,其病愈深而卒至于死。(卷五《医师》) 145

古之士大夫以纳女后宫为耻,今人则以为荣矣。(卷二十八《纳女》) 85

官之辱,法之屈也,此事关系世道。(卷二十八《职官受

杖》）　140

国乱无政，小民有情而不得申，有冤而不见理，于是不得
不诉之于神。（卷二《罔中于信以复诅盟》）　228

H

豪横一清，而四乡之民得以安枕。其为士大夫者，亦不
受制于人，可以勉而为善，讼简风淳，其必自此始矣。（卷十
三《奴仆》）　221

后人作书，乃以编年为一大事，而论世之学疏矣。（卷
二十《年号当从实书》）　58

后之人徒以成败论，而不察其故，遂谓平王能继文武之
绪，而惜其弃岐、丰七百里之地，岂谓能得当日之情者哉！
（卷二《文侯之命》）　47

昏姻之义，男女之节，君子可不虑其所终哉！（卷一《君
子以永终知敝》）　17

I

嗟呼，范文正有言："一家哭何如一路哭邪？"（卷十三

《除贪》） 207

今代之人但有薄行而无隽才，不能通作者之意，其盗窃所成之书，必不如元本，名为钝贼何辞！（卷十八《窃书》）122

今将静百姓之心，而改其行，必在制民之产，使之甘其食，美其服，而后教化可行，风俗可善乎。（卷十二《人聚》）91

今人学《春秋》之言皆郢书燕说，而夫子之不能逆料者也。（卷四《春秋阙疑之书》）45

今日人情有三反，曰弥谦弥伪，弥亲弥泛，弥奢弥吝。（卷十三《三反》）87

今日之务正人心，急于抑洪水也。（卷十二《河渠》）80

近代文章之病全在摹仿，即使逼肖古人，已非极诣，况遗其神理而得其皮毛者乎？（卷十九《文人摹仿之病》）251

二七七

救民以事,此达而在上位者之责也。救民以言,此亦穷而在下位者之责也。(卷十九《直言》) 128

君子博学于文。(卷七《博学于文》) 20

L

老氏之学所以异乎孔子者,和其光,同其尘,此所谓似是而非也。(卷十三《乡原》) 110

M

门户之人,其立言之指各有所借,章奏之文互有是非。作史者两收而并存之,则后之君子如执镜以照物,无所逃其形矣。(卷十八《三朝要典》) 71

孟子曰:"其文则史。"不独《春秋》也,虽六经皆然。(卷三《鲁颂商颂》) 7

民享其利,将自为之,而不烦程督。(卷十《纺织之利》) 216

Q

其必古人之所未及就,后世之所不可无,而后为之,庶几

其传也与?（卷十九《著书之难》） 262

R

然则丧乱之所从生,岂不阶于夸毗之辈乎?（卷三《夸毗》） 77

人臣称君,自三代以前有之。（卷二十四《君》） 173

人君之于天下,不能独治也:独治之而刑繁矣,众治之而刑措矣。（卷六《爱百姓故刑罚中》） 191

人之为学,不可自小,亦不可自大。……自小,小也;自大,亦小也。今之学者,非自小则自大,吾见其同为小人之归而已。（卷七《自视欿然》） 116

人主设取士之科,以待寒畯,诚不宜使大臣子弟得与其间,以示宠遇之私;而大臣亦不当使其子弟与寒士竞进。（卷十七《大臣子弟》） 194

人主所患,莫大乎唯言而莫予违。（卷九《封驳》） 187

二七九

S

三代以上，人人皆知天文。（卷三十《天文》） 13

三代以下风俗之美，无尚于东京者。（卷十三《两汉风俗》） 125

《桑中》之篇、《溱洧》之作，夫子不删，志淫风也。……后之拘儒不达此旨，乃谓淫奔之作，不当录于圣人之经。是何异于唐太子弘谓商臣弑君，不当载于《春秋》之策乎？（卷三《孔子删诗》） 234

圣人之所以学《易》者，不过庸言庸行之间，而不在乎图书象数也。今之穿凿图象以自为能者，畔也。（卷一《孔子论〈易〉》） 35

诗人美鸤鸠均爱七子，岂有于父母则望之以均平，于兄弟则教之以疏外，以此为质，是所谓直情而径行，戎狄之道也。（卷四《母弟称弟》） 113

诗文之所以代变，有不得不变者。（卷二十一《诗体代降》） 254

《诗》之次序,犹《春秋》之年月。(卷三《诗序》) 11

诗之与乐判然为二,不特乐亡,而诗亦亡。(卷五《乐章》) 243

十族诛而臣节变。(卷十八《书传会选》) 155

史策所书,未必皆为实录。(卷十五《厚葬》) 50

始皇备匈奴,而亡秦者少子胡亥。(卷三十《图谶》) 232

士大夫之无耻,是谓国耻。(卷十三《廉耻》) 105

士当以器识为先。(卷十九《文人之多》) 264

士风之薄始于纳卷就试,师道之亡始于赴部候选。(卷十七《教官》) 168

世变日新,人情弥险。(卷十三《田宅》) 24

世之君子必曰:有公而无私。此后世之美言,非先王之

至训也。(卷三《言私其豵》) 94

《书》之言,文王曰大邦畏其力。文王何尝不藉力哉? (卷七《文王以百里》) 68

虽三王之世,不能使天下无孤寡之人,亦不能使天下无再适人之妇。……为此制者,所以寓恤孤之仁,而劝天下之人不独子其子也。(卷五《继父同居者》) 96

T

太史公胸中固有一天下大势,非后世书生之所能几也。(卷二十六《史记通鉴兵事》) 66

天地之化,专则不生,两则生。(卷六《娶妻不娶同姓》) 28

天下风俗最坏之地,清议尚存,犹足以维持一二。至于清议亡,而干戈至矣。(卷十三《清议》) 170

天下之事,有其识者,不必遭其时;而当其时者,或无其识。然则开物之功,立言之用,其可少哉(卷十九《立言不为一时》) 258

二八二

W

万岁……则亦当时人庆幸之通称。(卷二十四《人臣称万岁》) 177

王元美《笔记》曰:"高帝时,中人不得预外事,见公侯大臣叩首惟谨。至永乐初,狗儿诸奄稍稍见马上之绩。后以倦勤朝事,渐寄笔札,久乃称肺腑矣。"(卷九《宦官》) 149

谓罢侯置守之始于秦,则儒生不通古今之见也。(卷二十二《郡县》) 43

文人受赇,岂独韩退之谀墓金哉。(卷十九《作文润笔》) 56

文章无定格,立一格而后为文,其文不足言矣。(卷十六《程文》) 256

文之不可绝于天地间者,曰明道也,纪政事也,察民隐也,乐道人之善也。若此者有益于天下,有益于将来,多一篇,多一篇之益矣。(卷十九《文须有益于天下》) 268

"我四十不动心"者,不动其行一不义,杀一不辜,而得天下,有不为之心。(卷七《不动心》) 108

呜呼,何代无文人,有国者不可不深为华实之辨也。(卷十九《巧言》) 119

吾自幼及老,见人所以求当世之名者,无非为利也;名之所在,则利归之,故求之惟恐不及也。苟不求利,亦何慕名?(卷七《君子疾没世而名不称焉》) 101

X

昔之清谈谈老庄,今之清谈谈孔孟。(卷七《夫子之言性与天道》) 41

享天下之大福者,必先天下之劳;宅天下之至贵者,必执天下之至贱。(卷七《饭糗茹草》) 183

邪说之作与世升降,圣人之所不能除也。(卷一《姤》) 5

学者之患,莫甚于执一而不化。(卷一《艮其限》) 15

荀悦论曰:"言论者计薄厚而吐辞,选举者度亲疏而举笔,苟且盈于门庭,聘问交于道路,书记繁于公文,私务众于官事。"世之弊也,古今同之,可为太息者此也。(卷五《邦朋》) 82

扬子《法言》曰:"史以天占人,圣人以人占天。"(卷四《春秋言天之学》) 26

叶公之好画龙,而不好真龙也。(卷十七《中式额数》) 165

以当代之君而还前代所夺之地价,古人已有之矣。(卷十《苏松二府田赋之重》) 218

以今观之,则无官不赂遗,而人人皆吏士之为矣;无守不盗窃,而人人皆童竖之为矣。(卷十三《名教》) 136

"艺而已矣,不知之无害也。"此近代之儒所以自文其空疏也。(卷五《乐章》) 22

欲使民兴孝、兴弟,莫急于生财。以好仁之君,用不畜聚

敛之臣,则财足而化行。(卷六《未有上好仁而下不好义》)
99

Z

真希元《文章正宗》,……以理为宗,不得诗人之趣。(卷三《孔子删诗》)　237

政教风俗苟非尽善,即许庶人之议矣。(卷十九《直言》)　198

知湖中之水可涸以垦田,而不知湖外之田将胥而为水也。(卷十《治地》)　226

知天子一位之义,则不敢肆于民上以自尊;知禄以代耕之义,则不敢厚取于民以自奉。不明乎此,而侮夺人之君,常多于三代之下矣。(卷七《周室班爵禄》)　180

《中庸章句》引程子之言曰:"此篇乃孔门传授心法。"亦是借用释氏之言。(卷十八《心学》)　32

自八股行而古学弃,《大全》出而经说亡……洪武永乐之间亦世道升降之一会矣。(卷十八《书传会选》)　160

二八六

自古国家承平日久,法制废弛,而上之令不能行于下,未有不亡者也。(卷二《殷纣之所以亡》)　201

自古用蛮夷攻中国者,始自周武王。(卷二十九《楼烦》)　134

编者后记

经典本是前人鲜活的生命体验，虽经历了千百年，对今天的生活仍具指导意义。对于经典，经学家的解读往往化简为繁，让人难以接近，更令普通读者望而却步。这套丛书则独辟蹊径，从每一部经典中选取最具警策意义、最接近今日生活的"百句"，加以引申，等于给繁忙而有为的读者提供了一个精华的选本，同时也为读者深入思考人生指引了一条门径。百句，当然不一定就是整整一百句，每本书的体例也不尽相同，有的是一句一议，有的是精选数句说明一个话题，还有的选句则"藏"在正文的解读之中。

丛书虽小，却云集了一批学术名家。他们对经典有精深的研究，对生活有独到的感悟。由他们带领读者穿越历史，与先贤对话，交流，碰撞，想必会是一次愉快的精神历险。这套丛书之所以叫"悦读经典"，就是希望读者捧读这些小书时能享受到一种身心的愉悦。

愿读者诸君阅读愉快。

图书在版编目（CIP）数据

日知录一百句/许苏民解读，许广民注译. —上海：复旦大学出版社，2011. 1
（悦读经典小丛书）
ISBN 978-7-309-07662-2

Ⅰ. 日… Ⅱ. ①许…②许… Ⅲ. 文史哲-中国-清代 Ⅳ. B249.11

中国版本图书馆 CIP 数据核字（2010）第 199988 号

日知录一百句

许苏民 解读 许广民 注译
出品人/贺圣遂 责任编辑/宋文涛

复旦大学出版社有限公司出版发行
上海市国权路 579 号 邮编：200433
网址：fupnet@ fudanpress.com http://www.fudanpress.com
门市零售：86-21-65642857 团体订购：86-21-65118853
外埠邮购：86-21-65109143
上海肖华印务有限公司

开本 850×1168 1/32 印张 9. 625 字数 154 千
2011 年 1 月第 1 版第 1 次印刷

ISBN 978-7-309-07662-2/B · 372
定价：15. 00 元

如有印装质量问题，请向复旦大学出版社有限公司发行部调换。
版权所有 侵权必究